幽燕文化丛书

榆关札记

著

燕山大学出版社
·秦皇岛·

图书在版编目（CIP）数据

榆关札记／王凤华著. —秦皇岛：燕山大学出版社，2022.6

ISBN 978-7-5761-0268-0

Ⅰ.①榆… Ⅱ.①王… Ⅲ.①山海关—地方文化 Ⅳ.① G127.223

中国版本图书馆 CIP 数据核字（2022）第 100020 号

榆关札记

王凤华 著

出 版 人：陈　玉		
责任编辑：张　蕊	策划编辑：张　蕊	
责任印制：吴　波	装帧设计：方志强	
出版发行：燕山大学出版社　YANSHAN UNIVERSITY PRESS	地　　址：河北省秦皇岛市河北大街西段 438 号	
邮政编码：066004	电　　话：0335-8387555	
印　　刷：英格拉姆印刷(固安)有限公司	经　　销：全国新华书店	

尺　　寸：170mm×240mm　16 开	印　　张：14.75
版　　次：2022 年 6 月第 1 版	印　　次：2022 年 6 月第 1 次印刷
书　　号：ISBN 978-7-5761-0268-0	字　　数：209 千字
定　　价：62.00 元	

自序

　　我到秦皇岛生活快 40 年了，其中一半是在机关从事经济类研究工作，另一半则是退休养老。我对秦皇岛这块土地感情很深，想作一点贡献。但文人无能，唯一有能力可做者，是为这座旅游城市做一些文史方面的研究、挖掘工作，以提高其文化品位。古人云："蹈隙易，拓境难。"虽难，而荀子说："真积力久则入。"这"真积"即真心诚意，日积月累；"力久"即力行而能持久；"入"则有所成就。我遵照这一教导，利用 14 年业余时间（1983—1997 年），搞出了一本《北戴河海滨旧闻录》，这是我第一次对这座知名中外的避暑胜地所作出的贡献，有点开创性，因而受到广泛的欢迎。1999 年退休后，我一度落入南北朝鲍照所说的"幼壮重寸阴，衰暮反轻年"的境地，无所事事。想到清道光朝词人项莲生所说，"不为无益之事，何以遣有涯之生"，人家写词，我没这本事，就为山海关这历史名城做点文史的钩沉吧。于是日日读书，考察，记笔记，搜集资料。经过 20 年时间，总算产生了这本《榆关札记》。

　　这本书名为什么用"札记"二字？因为这里边，很多是读书笔记，尤

榆关札记

其是一些有价值的东西，尽可能取"文抄公"的办法，为后人研究提供方便，也有自己的一些研究成果，无论文体、内容都很杂。札记、杂记可以通用。

本札记随手书之，不划年月，不分门类，共成七卷，总体上力避蹈隙而求拓境。俗言"敝帚自珍"，我自己翻阅过几遍，感觉还说得过去，至于"画眉深浅入时无？"还得广大读者来评论。

目录

第
六
卷

Volume I

第一卷

榆关形胜

　　"形胜"，指一地地理形势之优越。明嘉靖年间，曾任户部郎中的关城人詹荣先生编修的《山海关志》，对山海关的形胜论述甚为精确。

　　先生说，形胜乃天地自生，而能否利用，则成事在人。他从幽燕地区的地理大势着眼，说：燕山自居庸关而东，其走向逐渐向南倾斜；渤海自天津而东，其走向逐渐靠北，到山海关，则山麓海滨几相连接，距离不过一视之遥。如果在这地方扼而塞之，建关设卫，十分容易，而于国防意义尤为重大。他感叹说，自唐朝以来，此地地处边荒，宋朝中叶后，又先后为辽、金、元等游牧民族所居，先后达四百五十有七年。到明太祖方扫除胡人，定鼎金陵（南京），在此设卫建关，而为中外之防。到明成祖发动靖难，将首都迁至北京，山海关处于畿辅重地，成为长城沿线最重要的关塞，如锁钥之封。如今山海关绝壁洪涛，严城列戍，屏翰京师，而为辽左咽喉，真是雄壮呀。

　　明代，对山海关的地理形胜和政治军事位置，论述甚多。

　　明正德年间，山海关主事黄景夔在《题名记》中说："今天下择形胜便利地设关，不在穷边绝徼，而在域中孔道者有三：曰潼关、居庸关、山海关，而得置职方主事守者，惟山海关为然。"

　　嘉靖年间，山海关主事陈绾在《山海关游兵议》中说："山海关东控辽阳，西护畿辅，防扼海泊倭番，验放高丽、女真进贡诸夷，本为重镇。譬人之身，京师则腹心也，蓟镇则肩背也，辽阳则臂指也，山海关则窾窍之最紧要者也。"

　　明兵部尚书马文升说，山海关"东封辽水三韩险，西固燕京百世安"。嘉靖名臣葛守礼说："矻矻雄关控朔方，万年王气倚封疆。"指出山海关关系到首都的安全和明朝皇室的气数。

　　但是，如明清之际的著名学者陆桴亭在所著的《思辩录》中说："地势险易，古今亦有变更，不可尽据书传。昔当秦汉时，函谷至潼关八百里，其右阻河，其左傍山，道远险狭，敌来犯关，常在千里之外，故曰'秦得百二'。今闻河流渐北，中饶平陆，宽坦无阻，失去险矣。天下之古今异势者，岂特一潼关哉！"自清人入主中原后，山海关已失去其险要之位置。康熙八年（1669年），钱士清在《山海关志·序》中说："关界两都之间，尤升平无事，民生不见兵革，靡有烽烟之警，战斗之虞。""昔之风悲日曛者，今转而为岳峙波恬矣！"到乾隆初，据《临榆县志·卷首》载，这里已是"人烟繁稠，桑麻禾黍盈畴遍野，门无击柝之声，邑静花村之吠"。乾隆二年（1737年），乃易军而民，改卫为县，其军事要地位置已让位于经济功能了。

蓟镇

《易经》曰："王公设险，以守其国。"设险，即筑垣乘障，修筑长城。蓟镇，为明长城九镇之一。《读史方舆纪要》说："东起山海，西迄居庸，延袤曲折几二千里，皆属蓟镇。"《明典汇》说："蓟镇船泛登莱，陆走汉魏，襟带原泽，冯翊京师，号称雄镇。"

《春明梦余录》说：蓟镇"为关塞者二百一十二，为营堡者四十四，为卫二十，为守御所三。设分守参将五，于燕河营、太平寨、马兰峪、密云县、黄花镇，以管摄营堡，谓之关。设守备都指挥五，于山海、永平、遵化、蓟州、三河，以管摄卫所，谓之营。设总兵官一员于三屯营，以总镇焉。关设于外所以防守，营立于内所以应援"。

《读史方舆纪要》说：蓟镇"分东、中、西三路。东路（帅驻台营）所急者四，曰山海关，曰石门寨，曰燕河营，曰建昌营。中路（帅驻三屯营）所急者四，曰太平寨，曰喜峰口，曰松棚谷，曰马兰谷。西路（驻石匣营）所急者四，曰墙子岭，曰曹家寨，曰古北口，曰石塘岭。其边墙皆依山凑筑，大道为关，小道为口，屯军曰营，列守曰寨"。

《海岳山房集》说："补蓟镇经画台墙，规制俱出戚少保（继光）。"

《长安客话》说"京东之内险，山海也"，以山海关为最要。

山海关虎踞龙吟

　　清嘉庆十年（1805年），新科状元彭俊（湖南衡山人），一日与翰林院友人到京城附近的水月寺游玩。水月寺地处郊外，门前有一小河静静流淌，环境幽静。水月寺住持僧，见状元公到来，招待十分周到。游完了寺院大殿后，出得门来，见河中鱼儿悠然游走，草丛中野兔时而出没，一派郊野风光。住持僧颇有诗赋之才，见景生情，说："老僧忽得一联，敢请状元公属对。"彭俊额首，住持吟曰："水月寺，鱼游兔走。"彭俊百思不得下联，连称惭愧。

　　时过三载，一次彭俊到山海关公干，见关城之北山势巍峨，形同虎踞；关城之南，长城入海，如同龙吟。脱口吟出"山海关，虎踞龙吟"，这与"水月寺，鱼游兔走"恰成绝对。

恭王府之"榆关"

北京德胜门内后海李广桥附近之恭王府，原为贪官和珅府第，后为恭亲王奕䜣所居，建筑占地200余亩。门前有巨大的两个石狮子，垂花门里高悬一匾，上书"天香书院"。正房是一组极精美的雕梁画栋建筑，两面为穿山游廊厢房。府后有后楼，是一座长160米的二层木结构建筑，极尽奢华。王府有花园，名"萃锦园"，红学家认为这里是《红楼梦》大观园原型。亭台楼阁，

榆关

叠石堆山，湖泊照影，且高槐垂柳，苍松古柏，一派葱蔚温润之气。花园南墙，上砌女儿墙，长约百米，如长城状，颇雄伟。墙开东西二门，西门曰"榆关"，门楣镌"榆关"二字，门旁立有片石，上书："府主人在此修筑小城墙并命名榆关，以此缅怀关外祖先，不忘故土情怀，铭记清祖入主中原历史功绩。"

于此可见"榆关"在君临天下的爱新觉罗氏家族心目中的位置。其一，榆关居清朝龙兴之地东北与入主之地中原之限界，出榆关而见桑梓，无疑兴故土情怀；其二，1644年榆关一战，使清人轻取天下，国运鼎革，牧中华二百余载，作为同光两朝议政王和总理大臣的恭亲王怎能忘怀其分量与意义；其三，榆关在历史上为军事重镇，在中国军事史上占有重要地位。《地理通释》云："燕之榆关，吴之西陵，蜀之汉乐，地有所必据，城有所必守。"榆关之险要，为高山与大海相接，近在咫尺。明兵部尚书马文升有诗云："曾闻山海古渝关，今日经行眼界宽。万顷洪涛看不尽，千寻绝壁画应难。"明山海关主事张恺云："群山列剑水流汤，城郭连云锁路旁。何处险如兹处险，一夫防似万夫防。"

这种地理形胜与气势，在中国古关中实为罕见。以榆关为花园门命名，无疑增加了几分雄伟典雅之气。

西门石刻

辽西走廊

辽西走廊亦称"榆关走廊",位于河北山海关与辽宁锦州之间,东临辽东湾,西依松岭山,呈西南至东北走向,长约 185 千米,宽 8 ~ 15 千米。山海关、绥中、兴城、锦西、锦州等城镇为扼守走廊的经济军事要地。走廊背山面海,丘陵起伏,形势险要,是沟通山海关内外的重要通道。

古代,此走廊为"粗恶不毛"之地。其时,由中原通辽东之路,据唐代地理学家贾耽著《古今郡国县道四夷述》记,由营州(今辽宁省朝阳市)入安东(今辽宁省丹东市)之路,称"辽西古道"。其古道,一为由蓟州(今天津市蓟县)东行,至榆关而后北上越松岭,进白浪河(今辽宁省大凌河)谷,穿柳城(今辽宁省朝阳市南),到昌黎(今辽宁省义县),再南折经医巫闾山,而至辽东。魏司马懿讨公孙渊,隋炀帝、唐太宗征高丽走此路。一为沿滦河河谷北上,出卢龙塞(今河北省迁西县喜峰口),至檀城(今承德市滦平县),东折平冈(今承德),顺七老图山山麓,进入白浪河北源谷地,再奔柳城达昌黎。东汉末年,曹操北征乌桓走此路。

辽西走廊的开通,始于辽代,据《旧五代史·少帝重贵记》载:辽太宗(耶律德光)会同九年(946 年),辽入汴京灭后晋,后晋皇帝石重贵与太后、冯皇后、皇弟、皇子等数百人被押往东京(今辽阳),"自幽州(今北京)行十余日,过平州(今卢龙县),出榆关,行砂碛中。饥不得食,遣宫女、从官,采木实、野蔬而食。又行七八日,至锦州。"据考,此为行走辽西走廊之始。

榆关札记

宋宣和七年（1125年），宋徽宗下诏任命许亢宗充贺大金皇帝登宝位国信使，正月二十六日在崇政殿向皇上辞行，翌日出发离京，六月初到金国首都上京（今黑龙江省哈尔滨市阿城区）。回国后，许写有《宣和乙巳奉使金国行程录》，其中对辽西走廊第一次作了较详尽记述：由榆关（今抚宁县榆关镇）东北傍海行，经迁州（今山海关）、来州（今绥中县前卫镇）、隰州（今兴城市东辛庄东关站村）、桃花岛（今觉华岛）、红花务（今葫芦岛南票区高桥镇村），至锦州。并说："出关来才数十里，则山童水浊，皆瘠卤。弥望黄云白草，莫知亘极。"南宋建炎三年（1129年），使臣洪皓出使金国，在所撰《松漠纪闻》中，对辽西走廊，由锦州回程记载如下："……四十里至胡家务，四十里至童家庄，四十里至桃花岛，四十里至杨家馆，五十里至隰州，四十里至石家店，四十里至来州，四十里至南新寨，四十里至千州。"金大定二十四年（1184年），金世宗完颜雍从中都（今北京）经辽西走廊返回会宁府（今黑龙江阿城南白城子），沿途各县动员了大批民夫治桥梁修驿道，乃使路况大为改观。

辽西走廊历来为兵家征战必经之地。明天启六年（1626年），后金努尔哈赤率军围攻宁远（今兴城），企图打通走廊，夺占山海关。明将袁崇焕借城防坚固，挫败后金军，史称"宁远大捷"。次年，皇太极率大军围攻锦州、宁远，明军依有利地形，凭险据守，重创清兵。崇祯十三至十五年（1640—1642年），松（山）锦（州）一战中，明军关外主力丧失殆尽，走廊遂为清军占领，成为清军进图中原的前进基地。1924年，第二次直奉战争，奉军配置在绥中、兴城、锦州一线，以辽西走廊为依托，攻破山海关，进入华北。1948年9月12日—11月2日，历时52天的辽沈战役，人民解放军先克锦州，继而占领走廊，封闭东北与关内的陆上通路，从而取得战役重大胜利。

柳条边

柳条边又名盛京边墙、柳墙、条子边,为从清顺治年间开始分段修筑,至康熙中期完成的一条柳条篱笆。目的在禁止边外居民越过篱笆打猎、采人参、放牧。柳条边南起辽宁省凤城市南,东北经新宾,东折西北至开元市北,又折回西南至山海关北接长城,全长 975 千米。柳条边"西接长城东属海",所谓"西接长城"即由山海关以东之明水堂门起,"东属海"即止于凤城市东沟西南之海滨。

柳条边墙以插柳为界而得名。柳条边一般用土堆成高厚各三尺的土堤,堤上每五尺栽柳三株,株间再用绳联结,编为笆状,在柳条边外侧挖掘口宽八尺、深三尺、底宽五尺的土壕,壕中注水,以阻行人越界。在柳条边墙,清政府设有边门 21 个。边门用青砖垒砌,为青瓦硬山式建筑,高 6 米,宽 5 尺,进深 6 米,门外挖土壕,设有吊桥。每门设防御 1 员,笔帖士 1 员,士兵 27 ~ 45 名。任务为"看守边门,盘查出入"。边门间设墩台。

顺治十八年(1661 年)十二月,清廷谕兵部:"盛京边外居住庄村,俱著移居边内,其锦州以内,山海关以外,应展边界。"以后,于康熙十、十四、十九、二十五、三十六年,多次对柳条边向西向外扩展,如靠近山海关的边门,顺治十一年初,设于宁远州城西 110 里的平川营(今绥中西 50 里),康熙三十六年(1697 年)改设明水堂,即以平川营向西扩展 360 里。柳条边原为对东北文化实行封闭隔离的措施,到康熙年间,被赋予新的使命,成为阻止边外民众进入东北腹地的篱笆，为边里边外文化交融设置了一道防线，产生了地域歧视。此后，随着东北的逐步开放，这条边墙很快为历史所湮没。

石河

石河傍山海关城之西而过，古来气势汹汹，桀骜不驯。明山石道范志完《告石河文》云其："盘旋于涧谷之间，奔腾于巉岩之内，砂碛流泻，四时不涸，秋夏更觉泛溢。欲为桥梁，则易于漂溃；欲驾舟楫，则梗阻胶滞不能通。行人往往褰裳拽骑，偶至中流，稍一失足遂淹逝莫救。"明成化年间山海关户部分司主事尚絅诗云："奔流一派北山隈。乱石交冲怒若雷。剩有湍澜从海去，更无舟楫渡人来。"由此，而多致灾难。清康熙三十四年（1695 年），石河发水，冲坏西北水关边墙一百余丈；乾隆五十八年（1793 年），冲坏拱辰门外龙王庙及城北水门；居于高地的关城亦水浸通衢。每到雨季，河水汹涌，更成为阻断东西交通的天堑。

石河历史上缘何如此汹汹？其一，石河自青龙县刘家岭（又名马尾巴岭）发源成河，途经崇山峻岭，至小陈庄出峪，而至田庄下入海，长达 70 千米。河床高差达 400 余米，坡陡水急，且自蟠桃峪以下，进入山峡，河道变窄，一出峪，鼓泄而下势如奔马，其冲击力远胜他河；其二，石河河床质以砾石为主，只有极少量粗中砂，而砾石成分主要为火成岩，次为花岗闪长岩，岩石坚硬。其中游砾石水花飞溅，赤足渡河，路甚坎坷，令人有"渡难"之叹；其三，石河水源丰沛，多年平均径流量 1.7 亿立方米（古代要远远高于此数），暑期洪水上涨历 0.5 ～ 27 小时，落水历 22 ～ 72 小时，有陡涨陡落特征，往往令人猝不及防；其四，据水文资料，石河每隔 60 ～ 70 年出现一次特大洪峰，携带大量砾石，其大者多沉积于小陈庄出峪后的平原河床，较小者沉积于浅海之中或海岸滩涂，形成中国唯一的砾石堤海岸，亦为关城提供了取之不尽的建筑材料。历史上山海关房屋地基、墙体多为砾石堆砌。自燕塞湖建成后，此历史随之终结。

石河砾石泥沙出海后，主要堆积于口外，形成一个向海突出达 2～3 平方千米的水下三角洲。其前缘以急斜坡式逼近 10 米等深线。三角洲上部水浅多沙，船只进出石河口时，常受阻搁浅，故渔民称其为"阎王殿"。

奇特的海岸地貌——砾石堤

1965 年春，北京大学地理系教授任明达先生来秦，对秦皇岛南山至山海关石河口段海岸之奇特的砾石堤，进行了考察。写有《秦皇岛地区砾石质沿岸堤的成因》一文，发表于 1965 年《地质评论》第 23 卷第 3 期。

任明达教授考察发现，在石河口至南山岬角的海岸带发育有一系列砂质与砾石沿岸堤。"在石河口西岸有三条砾石堤，总宽 360 米；在石河汊河口西岸共六条，总宽为 540 米；向西，砾石堤逐渐归并，至沙河口东岸并为二条，总宽约为 100 米。过沙河口，在河的西岸，砾石堤又增为四条，总宽也相应增为 230 米；由此往西，砾石堤又复归并，最后并为一条，宽 120 米，并由抽水站开始，砾石质沿岸堤逐渐过渡为沙质沿岸堤，一直延续到新开河口。"

他认为，在晚更新世晚期，渤海形成，海水进侵到花岗岩剥蚀丘陵，奠定了本区港湾海岸的基本轮廓，形成原始海湾。石河从山地带出大量碎屑物进入原始海湾，而由外海来的波浪受老龙头岬角的阻挡，在海湾内形成一个波影区，石河入海物质很少经波浪作用，就在海湾内堆积下来，形成石河冲积平原，并迅速向海拓展。当时石河入海口有二，分别指向东南和正南。西部海湾由于物质来源缺乏，基本仍持浅水海湾特征。当石河冲积平原发展出岬角的隐蔽范围后，波浪对石河入海物质的搬运和堆积作用逐渐加强，这时波浪对海岸的发展起了决定作用。本区沿岸以风浪为主，由东北风引起的东北强浪成为搬运砾石的主要动力。石河入海砾石在东北强浪的带动下向西南方向移动，在沿岸堆积成砾石堤，并封闭西部浅海，形成潟湖。

对于砾石堤的多条状结构，任教授认为与砾石数量的供给有关。历史上石河每隔 60 ～ 70 年出现一次特大洪峰，携带大量砾石入海，砾石堤则迅速增长。洪峰过后，砾石来源减少，砾石堤停止增长，直至下一次洪峰到来，在其外侧形成新的砾石堤。经测定，西部砾石堤的砾石成分：安山岩类占69%，花岗岩类占 14%，石英岩类占 11%，其他岩性占 6%，石质极为坚硬。

砾石堤为中国海岸罕见地貌，近年海岸建设迅速，已大部毁灭。

关城之亭

亭为一开敞建筑物。平面多呈圆、六角、八角、扇等形状，多设于园林、名胜之处，以供游人眺望、观赏和小憩。而其本身亦为重要景观。山海关古来名亭甚多，而其著名者为：

可琴亭。位于首山二郎庙后，此处山势环拱，泉韵玲琮，极为雅静。古有诗赞曰："琴心画意一亭幽，山叠屏风水曲流。……三时风景真蓝本，四壁烟霞足卧游。"

陶然亭。位于角山巅，旧称山海亭、甘露亭。登此亭眼界光明，可三面观山，一面望海，可见"三面青山环远近，一湾碧水绕东西。天围万岭苍茫尽，海涌层澜指顾迷"的壮丽景色。

澄海楼。在宁海城老龙头最高处，初为明万历年间山海关户部分司主事王致中建，名"观海亭"。入清，改"知胜楼""澄海楼"。康熙九年（1670年）、乾隆八年（1743年）曾两次重修。楼有明大学士孙承宗书"雄襟万里"和清乾隆皇帝书"元气混茫"匾额。登楼可赏"天水苍茫合，云山幻化殊"和"波涛滚滚乾坤大，星宿煌煌日月光"之景色，为古来游人必登之地。

喜莲亭。位于东罗城，建于20世纪20年代。时东罗城大小老城河久成污地，秽气熏人。关城人孙国钧（字荫桥）出资鸠工疏浚污泥，凿池植莲，于堤岸栽柳，并于堤上建八角亭，颜曰"喜莲亭"，又筑阁三楹，名"瑞莲阁"，此地遂成一佳境。每于春夏季节，莅此亭可见："一池香送藕花风，亭上栏杆落照红。

士女如云游胜境，纳凉尽在图画中。"

　　酿春亭。亭在临榆县衙西跨院。为清乾隆十八年（1753 年）知县钟和梅建。其地原为废圃，钟植桃杏松竹，并建小亭，为政余登览游憩之所。因思为政如同酿酒，酒醇厚清冽，饮之便体宁人，其味悠长。为政多行善举，方能遗泽于民。古人以"春"为酒名，故以"酿春"为亭名。

　　另，原兵部分司建有"吾与亭"，角山栖贤寺下建有"玩芳亭"等。

山海关的石房子

民国时期，山海关有一座建筑在岩石下的房子，为中国民居之奇。1998年，中国书店委拓晓堂先生主编《中华旧俗》一书，此石房子照片在入选之列。同年6月6日，上海《文汇读书周报》在第13版又刊登了此照。

我持此照，征询山海关长城专家郭泽民先生，他说石房子为依悬阳洞门下之子母石所造。昔年，其父郭述祖先生撰有《悬阳洞》一文，说悬阳洞下之子母石（又名人石）为一断崖，上连整体，下成剖面，如高楼下张抱厦，如琼阁伸出长廊，三面悬空，高4米，宽7米，进深8米有余，可容纳五十余人席地而坐。正可建屋。

此石屋坐落于后角山下，其上怪石嵯峨，树木林茂；其下溪流涓涓，绿草盈岸，把人带进幽雅清静的环境之中。由于依洞而建，更给人以古朴的美感。乾隆皇帝在《塔山四面记》一文中说："山无曲折不致灵，水无波澜不致清，室无高下不致情。然室不能自为高下，故因山构屋者其趣恒佳。"这个石房子所以引来世人青睐，原因大概正在于此。

山海关的石房子

洋屿话

福建省泉州市西南,有一个地方叫"洋屿"。《读史方舆纪要》卷九十九载:"泉州府。晋江县。洋屿,府西南十里,四围田畴数百顷,屿突起其中。"屿,小岛,即小平原中一处高地。

清康熙年间,清廷将驻守山海关的清军旗人移驻福建。雍正七年(1729年),改编为水师,驻扎洋屿。洋屿为一个城堡,守军为清军嫡系的旗营,他们养尊处优,跟福建土著居民交往甚少,所以其北方口音和词汇易于保存。他们的话,在泉州被称为"洋屿话"。这种话在语音上跟北方话很接近,在词汇上基本使用北方词汇,如"今儿个""明儿个""娃娃""耗子""唠嗑""多咱""蚂螂""抠"等,与今日山海关的话很相近。

洋屿话由于处于以泉州为中心的闽东方言区的包围之中,当地人把它称作"京都话"。洋屿话属于闭锁式移民语言,这种语言的形成乃由于移民聚居于一个较小的区域内,自成社团,与外界接触交流较少,当地居民也不介入,而使方言长期保留原来面貌,成为地方语言区中的孤岛。

冰镇"山海关"

清光绪三十三年（1907年），英商欧肯纳垂涎于早先进入中国的老德记、正广和、屈臣氏汽水厂的丰厚盈利，并看好山海关石河优质的地下水资源，在山海关建立了天津汽水公司山海关分公司，生产苏打、柠檬等碳酸类汽水。

由于汽水品质优良，且引领北方清末民初的西风时尚，产品主销天津，并风靡北京、沈阳。民国年间，天津有一个叫杨家明的先生写过一篇文章，题目是《好大的口气》。文章说：每到夏季，天津大街小巷凡卖冷饮的地方，十有八九都是插着一个宣传牌，牌上写着"冰镇山海关"五字。他调侃说："冰镇什么？山海关！你说天津人这是多大的口气！"

出卖"老关东"

东北烟草之传入，据考，其路线乃由日本到朝鲜到辽东。朝鲜人称烟草为南灵草或南草。明崇祯十年（1637 年），朝鲜政府以南草作为礼物赠予后金建州（今抚顺）官员 300 余斤。可是，第二年即被建州禁止。据朝鲜《李朝仁祖实录》载："戊寅[1]八月甲午，我国人潜以南灵草入送沈阳，为清将所觉，大肆诘责。南灵草，日本国所产也，其叶大者可七八寸许，细截之而盛之竹筒，或以银锡作筒，火以吸之，味辛烈。……此草自丙辰、丁巳间[2]越海来，人有服之者而不至于盛行。辛酉、壬戌[3]以来，无人不服。对客辄代茶饮，谓之'烟茶'，或谓之'烟酒'。……而虏汉[4]以为非土产，耗财货，下令大禁。"同书又记："庚辰[5]四月，宾客李行远驰启曰：'清国南草之禁近来尤重，……犯禁者一斤以上先斩后闻，未满一斤者，囚禁义州，从轻重科罪。'"同书又记："九王[6]喜吸南草，又欲得良鹰，南草良鹰，并可入送。"

后金烟草解禁，始于1641 年。《东华录》载："崇德六年二月戊申，帝谕户部：前定禁烟之令，其种者用者，屡行申饬。近见大臣等犹然用之，以

1　戊寅：1638 年。
2　丙辰、丁巳间：1616—1617 年。
3　辛酉、壬戌：1621 年、1622 年。
4　虏汉：指清太宗皇太极。
5　庚辰：1640 年。
6　九王：多尔衮。

致小民效尤不止，故行开禁。凡欲用烟者，惟许人自种而用之，若出边贷买者处死。"由于开放了禁令，《盛京通志》《热河志》均记有：东北"陇旁隙地，多种烟草，叶肥大至径尺，食之御寒"。清人关后，由于多尔衮喜烟，朝廷上下吸烟成为风气，而尤喜食关东烟。而关东之吉林、蛟河、舒兰、辽宁之凤城的黄金叶，品质优良，久孚盛誉，在清八旗中最受青睐。有清一代至民国年间，北京的烟店门首，都立一招牌，上写"本店出卖老关东"七字，以招徕顾客。那时，南方人到了北京，都吃一惊："一个小小烟店，竟敢出卖关东省，这气魄也太大了。"有的不知内情，见到招牌则风传政府要卖山海关外的土地了，一时议论纷纷。

山海关一带种植烟草，大概为此时传入，而以石门寨产为佳。

海胎鱼

石河产名贵鱼种，名曰海胎，属香鱼科。体狭长，侧扁，长约20厘米，色青黄，鳃盖后方有一卵形橙色斑纹，体披细小圆鳞，很美。又名香鱼，关城称为黄瓜鱼，盖鱼肉有黄瓜味。海胎鱼秋季溯河产卵，卵呈黏性，雌鱼产卵后大多死亡。海胎鱼生于河、长于海，每年八月至九月出现于石河，到九月末即消失不见。其古为贡品。

1913年上海海关出版的《海关十年报告》（1902—1911）提到，N.Ellis和J.B.Splingaert小姐、罗启明先生在榆关调查，提供了海胎鱼标本，这种鱼不常见到，已由Courtoiss T.神文阶鉴定为名贵鱼种。中国人之所以叫它海胎，因为它乃来源于海。他们捕到的标本长10½英寸，重约1磅。已收入《帝国亚洲社会华北部分杂志》之"直隶脊椎动物表"。被列入世界鱼种名录。

历史上，秋季为捕海胎鱼盛季。清道光年间临榆知县萧德宣有《竹枝词》云："对对游鱼逆水回，熏风吹遍石河隈。绿杨影里人声杂，小艇蓑衣卖海胎。"道出当年捕此鱼卖此鱼之情景。

实习工厂

清光绪二十九年（1903年），直隶总督袁世凯为推动全省事业发展，委原开平矿务局总办、著名实业家周学熙创办直隶工艺总局，以为推动全省实业发展之总机关。是年10月，发布《直隶工艺总局开办总旨》，提示以兴办棉纺业为中心，由此而带动整个实业之发展。在兴办方式上，则注重"官力提倡，绅民实力兴办"。到光绪三十三年（1907年），全省各府、州、县闻风而起，次第开办各种工艺局、工艺所、工艺场65处。

时临榆县集资白银一万两，在山海关城内旧仓开办了工艺所，后改名实习工厂。招收艺师3名，徒工40名，学习织布、织毛巾工艺。之后，购进机器设备，从事布匹生产。

光绪三十四年（1908年）三月，秦皇岛商务分会总经理孙璋，在向直隶总商会的报告中说："临榆县谭令（知县谭世振）提倡官商集股，于县城创办实习工厂一区。购用木轮、铁轮等机器十五架，由天津及本处购买双蓝鱼洋线织布，每匹长一百零八尺。其布华润可观，较洋布无少差别，均在本地销售，亦甚畅旺。此临榆县种植木棉及机制之大概情形也。"（《天津商会档案汇编》上册1314页，天津人民出版社1989年）

1930 年的黑汀庄

　　黑汀庄村今属山海关区高建庄乡。1935—1939 年，日本南满洲铁道株式会社，为侵略中国，掠夺中国经济资源，创设了"冀东地区农村实态调查班"，由 30 人组成了调查组，于 1936 年 4 月 22 日至 5 月 15 日，分 14 个小组，实地搜集了 16 个县 25 个村庄的基本资料，黑汀庄为其中之一。据调查数据：

　　当时该村共 89 户人家；

　　有耕地 1799 亩，人均耕地 4.2 亩；

　　租地户所租种的耕地占全村总耕地的 72.7%；

　　农户中自耕农户占 13.2%，半自耕农和佃户占 76.3%；

　　非农户占 14.6%，在 1931 年前，全村 50% 的农户到东北打工和做买卖，九一八事变后，大部分人回村，1936 年只 2 户在东北；

　　农作物种植结构为：高粱种植面积占 30%，谷子占 25%，花生占 23%，玉米占 20%，其他作物 2%。

北宁铁路时刻表

北宁铁路，原名京奉铁路，为北平通往奉天（今沈阳）的铁路。1928年，国民党政府将首都由北京迁往南京，改北京为北平，改京奉铁路为北（平）宁（辽宁）铁路。1931年九一八事变后，山海关至沈阳段停行，北平至山海关段开行，仍叫北宁铁路。

这里，有一北宁路局1933年11月16日所订"北宁铁路简明行车时刻表"，表中由北平至山海关共列前门、丰台、廊坊、天津总站、天津东站、塘沽、芦台、唐山、古冶、滦县、昌黎、北戴河、秦皇岛、山海关14站。由北平开往山海关的直达列车每日共4次，分别为：第七次慢车，由北平于5点50分发车，于17点35分到山海关，运行11小时45分钟；第三次特快车，于8点25分由北平发车，于18点到山海关，运行9小时35分钟；第九次快车，于14点10分由北平发车，于次日0点30分到山海关，运行10小时20分钟；第一〇一次快膳卧车于20点15分由北平发车，次日7点59分到山海关，运

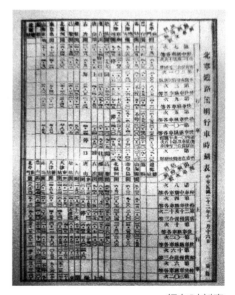

行车时刻表

行 9 小时 44 分钟。另有第十九次客货混合三等慢车，由唐山于 5 点 05 分开车，14 点 50 分到山海关，运行 9 小时 45 分。山海关开往北平的始发时间，第八次慢车为 5 点 35 分，第四次特快车为 9 点 15 分，第十次快车为 13 点 0 分，第一〇二次快车为 21 点 55 分，第二十次开往唐山的客货混合慢车为 11 点。

　　由此列车表，可知其时运行车次之少和运行时间之长，在今天看来真是不可想象的。

Volume II

第二卷

"闯关东"的榆关印记

　　"闯关东"是中国从清初到民国年间，持续 300 余年的一场大规模移民活动。它被称为是"人类有史以来最大的人口移动之一"，"全部近代史上一件空前的大举"。

　　这里要对"闯关东"一词进行一些解释。先说"闯"。《辞海》释为猛冲、奔走、浪游、闯练。"闯关东"之"闯"实际是出外闯荡，出外谋生之意。

　　再说"关"。古人云："关，其古之意，界上门也。"一为扼险守国；二为稽查行旅，课征税务。清光绪《临榆县志》云："古为关之御暴也，所以限内外，固封守，讥[1] 而不征[2] 者也。然而关据山海，拱卫神京，东通三省，远接朝鲜，洵[3] 畿辅之咽喉，两都之锁钥，边疆商旅，下国共球[4]，出入往来，云集波驶，能保无奸民之混迹龙断之或登者乎？故严盘诘，征商贾，亦以重国课，昭法守云尔。"限内外，固土封守，盘诘课税为关的主要功能。盘诘，则"凡商民之出关者，具情呈临榆县给票，票注本人姓名、籍贯、年貌及某事诣某处，并记簿存县。商民至关呈票于官，盘验无疑乃放出"；课税，据乾隆七年（1742 年）定："载货商民领票出关，课制钱十七文；止带随身行

1　讥：查问。
2　征：取。
3　洵：实为。
4　共球：同一世界。

李并农民领票出关者，课制钱八文。"以课税论，山海关在康熙三十三年至五十九年（1694—1720年）定征税额为32200两，乾隆三十五年（1770年）定征税额为33500两，嘉庆四年（1799年）定征税额为49487两。由于出关人数逐年增加，咸丰九年（1859年）定征税额达到191087两。据清王庆云著《石渠余纪》载，道光年间，政府下达山海关课税定额为白银111029两，任务很重，以道光二十一、二十二、二十五、二十九年计，每年仅完成6万~7万余两。为了完成课税任务，嘉庆年间，临榆县税官对载货商民课税额竟由17文陡增至81文。山海关之封守与课税在明朝由兵部直接负责，出入关门"稽文凭验年貌出入"。清初，设山海路专管。顺治十五年（1658年），由满洲城守章京管理，后改设山海关副都统领山海都司负责。到道光二十二年（1842年），撤都司，设游击专负其责。道光二十八年（1848年）又撤游击，归由中军都司之城守营把关，随同八旗官稽验。民国时由临榆县警察第一署专管。所以，过关要被严格盘查，不是容易的事情，就具有了"闯关"的含义。

后说"关东"。明朝时以"辽东"称东北，自清朝康熙年间起，由于东北地处山海关以东，被泛指为"关东"，而山海关以内地区则称为"关里"，所以"闯关东"也就是"闯东北"。由于"闯"是一个很宽泛的字眼，所以"闯关东"并不只是从山海关进入东北的移民叫"闯关东"，山东人大多坐船由烟台、青岛、龙口出发到大连上岸进入东北，也叫"闯关东"。

下面说"闯关东"之缘起。1644年4月22日石河大战，李闯王败北，清人入主北京。8月22日，清世祖爱新觉罗·福临由盛京起驾迁都北京，王公贵胄、八旗兵丁等数十万人"从龙入关"，浩浩荡荡绵延1000多里，时达3年之久。滞留住在东北的人口不到40万人，使东北出现"荒城废堡，败瓦颓垣，沃野千里，有土无人"的荒凉景象。大批清人入关后，其中一些人水土不服，系念故土，要求回家。在这种情况下，出于对龙兴之地强根固本和为自己留下一条退路，并满足部分满人的思土情结的要求，顺治六年（1649

年）清廷下令："关外辽人，有先年入关在各省居住者，离坟墓，别乡井，历年已久，殊可悯念。著出示晓谕，凡系辽人，各写籍贯、名姓、赴户部投递，听候察收，有愿入满洲旗内，即入旗内。欲依亲戚居处者，听归亲戚。……有愿还故乡者听。"（《清世祖实录》）此令只对辽人。顺治六年（1649 年），清廷又下令："山海关外荒地甚多，民人愿出关垦荒者，令山海道（又名山石关内道，设在山海关），造册报部，分地居住。"此令对关内人民出关垦荒，开了口子，成为"闯关东"之起点。

顺治十年（1653 年），清廷一些大臣上奏，要求对地广人稀的东北进行移民开垦，以为朝廷重要财源。并有满汉九卿官员 58 人联名上报一议定方案，案云：

> 今将辽东为省，先以辽阳城为府，设知府一员，知县二员，招募人民前去收养开垦。若招民一百名者，文授知县，武授守备。百名以下六十名以上者，文授州同、州判，武授千总。五十名以下者，文授县丞、主簿，武授百总。若数外多招者，每一百名加一级。将所招人详开姓名人数，册报户部，准出山海关，领赴辽东知府、知县处交割，取印信实收，赴吏、兵二部，即选与应得官职。如愿在辽东居住者，不管辽东民事，听其居住。其辽东地方广阔，田地最多，招去官民任意耕种，俱照开荒之例，给予牛、种，待人民聚多，田地广种之时，再酌议征粮。

顺治皇帝很快批准了这一方案，颁布了《辽东招垦令》，开始有组织地移民。顺治十一年（1654 年）六月，为推动《辽东招垦令》的实行，清廷又发布命令：

> 饥民有愿赴辽东就食耕种者，山海关章京不得拦阻。所在章京及府州县官随民愿往处所，拨与田地，酌给种粮，安插抚养，毋致失所。仍将收过人数，详开报部奏闻。

　　并具体规定：所招民每口给月粮一斗，每地一垧给种六升，每百名给耕牛二十头。顺治十三年（1656年），复允内地各省："如有殷实人户能开至两千亩以上者，照辽阳招民事例量为录用。"同时宣布："各边口内旷土，听兵垦种，但不得往口外开垦牧地。"

　　此令进一步允许百姓个人出关垦荒，从而为"闯关东"开启了大门。据有关资料，一个浙江义乌人叫陈述德的，是第一个招募到100人到辽东垦荒，被授予辽阳知县的人。从此，关内饥民出关垦荒者日渐增多。从顺治十一年（1654年）到十八年（1661年），七年间，辽东共开垦荒地6万多亩。顺治年间，在卢龙县任永平府推官的著名诗人、戏剧家尤侗，写有《出关行》一诗，反映了当时关内百姓争相出关就食的情景。诗云：

　　　　出关去，往辽东。诏徙十万填新丰，五陵年少走如风。黄金白米青丝笼，招呼村市争来从。白头龙钟扶老翁，红颜伶俜携孩童。栈车羸马送尔去，银章墨绶何雍容。未知为官善与恶，且喜吾民暂吃著。巫间山高渤海深，日把锄犁垦碛埃。不独有田堪耕作，更避差徭免敲扑。共醉黄酒饭茹茹，谁人不说辽东乐。

　　　　辽东厚，辽西薄，辽西虽穷是故土，辽东虽好流移苦。亲戚坟墓天一方，惜别临歧泪如雨。玉关生入定何年，夜梦犹倚旧庄户。昨日邻翁寄书还，桑麻鸡犬各平安。但得今秋谷子熟，只教家居莫出关，出关容易入关难。

　　康熙七年（1668年），出于保护满族传统文化，防被汉人同化的目的，朝廷废《招垦令》，并颁布《辽东招民授官永著停止令》，规定："即日起，出关民众均需事先起票，过关记档，只身放行。"但"是年内地诸省大饥，流民四处觅食，猥集京师。翌年二月，谕以设法救济安置。是年四月，遍置粥厂收容，而四方流来京师者益重，穷于处置。流民聚于京畿，鲜有归还原籍者，其流出关外，盖势所必然。清廷无以善后，亦惟默许而已"。自此，"流民出关觅食，势若河决，滔滔不可复止矣"（《清代东三省移民与开荒》）。迫于时势，康熙十一年（1672 年）恢复招垦，并改新开垦荒地由 3 年开始征税为 10 年征税。康熙十八年（1679 年），更允许"奉天、锦州等地旗人荒地由民人垦种"。时山东、河北出关就食的饥民相继于道。到康熙二十二年（1683 年），仅锦州、宁远、沙后所耕地扩展到 187853 亩，较顺治时民地增加 70%以上。至雍正十二年（1734 年），民地面积达 2626727 亩，较康熙二十二年增加 220 万亩。乾隆五年（1740 年），清廷对东北实行封禁政策，特命"严山海关出入之禁，凡携家眷移居关外之人，无论远近，不得放出；出关贸易佣工者，由山海关给票，奉天地方查验后，按票上规定日期从事商贸佣工活动，到期按期缴票入关"，"奉天空闲田地专令旗人耕种，汉族民人禁止开垦"。并下令："奉天等地方官拨兵稽查，不许内地人私自出口，山海关、喜峰口，及沿途关门，一律严禁。"并谕山东总督巡抚，严禁商船秘航。另规定：一、除前来贸易佣工者外，严禁汉民进入东北地区；二、迁居东北已久，且立有产业的汉族流民准其入籍，编设保甲，严加管理，其余流民限期回其原籍；三、严禁汉人在东北垦荒，一切可耕荒地均保留给予旗人；四、严禁汉人在东北私自从事挖参、捕貂、采珠及有产品的买卖活动。乾隆六年（1741 年），清廷又颁布吉林、黑龙江地区禁令，东北全境乃全面封禁。此年，据宁古塔（今黑龙江宁安市）将军鄂尔远奏称："自去年侍郎舒赫德等奏请严肃山海关以后，携妻子出口者渐少，而只身人仍不断前往。"但其时，清廷时有放松，如乾隆七年（1742 年），清廷"闻民人踵至山海关者"，因守关官员"有意留难"，"故为掯勒"，致"诎然而返"，即下令，如果"查系近关三百里内居民，出关种地者，即给印票，……立行放出"。乾隆八年（1743 年），天津、河间大旱，大批饥民扑向山海关，而守城将士严禁出关，致关城人满为患。乾隆闻讯，乃下谕山海关、喜峰口、古北口等关口官员："如有贫民出关者，门上不必拦阻，即时放出。"乾隆九年（1744 年），山东、河南、河北大旱，乾隆又下谕：对出关移民，着上年例，"查明实系穷民，即行放出，不必过于盘诘"。乾隆十二年（1747年），清廷对出关政策又予收紧，是年封闭了古北口、龙井口、青山口、榆木岭、擦崖子等关口，限"一切外来商贩，执票赴奉者，俱令从山海关出口"。对"山海关至古北口沿边坍塌边墙及九关台、中后所等处，或易冒险偷越，或系往来稠密，或为各口出入总路，自应一体稽查"。并通饬各海口：凡海船到奉，一律严查。乾隆五十七年（1792年），华北大旱，乾隆特对直隶总督说："贫民携眷出关者，自可藉资口食，即人数较多，断不致滋生事端，又何必查验禁止耶？"（《清高宗实录》）由于禁止松弛，出关移民复现高潮。同时，到关外佣工者亦多。那时，出关佣工者多二月出关，九月回来，也有偷渡出关的。对此，临榆知县萧德宣写有竹枝词，说：

> 小车轧轧独轮摧，男女咨嗟[1]面色灰。问是贫民勤服苦，一年一度出关来。徘徊歧路俨迷津，偷渡更遭关吏嗔。万里辽东皆内地，于今犹禁扒边人。

嘉庆初年，禁令又收紧，但出关移民仍络绎不绝。据《历史档案》2001年2期载《山海关副都统来仪奏折》，嘉庆八年（1803年），大臣巴宁阿由奉天回京，路上时见北方移民或只身前往，或携家带口，络绎于道。回京后向嘉庆帝作了汇报。嘉庆帝谕令山海关副都统来仪将饥民出关情况上奏。来仪在当年"十一月十一日"的奏折中说：

> 奴才查得，自十月初一定限起，至十一月初九日止，共计四十日，共收过直隶、山东、山西各州县及司坊并捕厅印照，放出只身佣工贸易民人及商旅载货民人票照七千一百一十九张，共计人数八千二百一十八名。

---

1 嗟：叹息。

40天中，仅合法出关的即8218名，平均每日200余名。嘉庆帝闻报，下令严出关之禁，此禁一直到咸丰年间。但仍有流民闯关或偷渡关外。嘉庆十五年（1810年），吉林厅就查出新来流民1459户，长春厅查出新来流民6953户（《清仁宗实录》）。到道光时期，出关贫民"不但不肯回籍，抑且呼朋引类，日积日多，驱逐不易"（《清宣宗实录》）。时有"在家做饥民，不如出关做流民"之语。尽管时开时禁，但出关民人如潮水般难以阻挡，东北到嘉庆十七年（1812年），151年间增加到942003人，田地增加到21300690亩。（梁方仲：《中国边代户口、田地、田赋统计》，见《中华文明史》第9卷157页，河北教育出版社，1994年。）

由于禁令严格，那时是很不容易出关的。当时到临榆县办出关票的人很多，要出入关的人都住在离城10里的红墙子一带的旅店里等待办票。萧德宣有诗记云："红墙一带肃观瞻，旅店年来次第添。相戒行囊收拾净，关门翻索比前严。"有的人看不惯官吏的凶狠，批评说："出入惟凭一片纸，何劳关吏更相哗。"昌黎县生员杜奎炽嘉庆十三年（1808年）在省参加乡试时，在策卷上批评清廷："民遇饥馑，毋得携族过山海关，非古人移民移粟之道。"光绪年《乐亭县志》有嘉庆十六年（1811年）滦河发大水，昌滦乐一片汪洋，第二年"逃荒之人，屯聚山海关，填街塞巷，问之皆滦、昌、乐三邑之民，关吏不容过（关），有拥挤山海关之谣"的记载。

咸丰十年（1860年），朝廷发布驰禁令，关闭的山海关大门向移民再次敞开，流民出关不再视为非法。"东三省，钱没腰"，已是当时流传于山东、河北一带的口头禅，使人相信关东有无限生机。由于东北有田可耕，有工可佣，实为贫民起死回生之策，因而移民带着对美好生活的憧憬，如潮水般涌入东北。

《白山黑水录》一书记述移民奔赴东北时的沿途情景说：

　　道上见夫拥只轮车者，妇女坐其上，有小孩哭者、眠者，夫以后推，弟以前挽，老媪挂杖，少女相依，踉跄道上……前后相望也。

光绪二十二年（1896年），中日甲午海战后，为抵御外侮，防止日、俄对东北的觊觎与侵略，政府对移民东北不仅不阻，且多予支持奖励。到光绪二十四年至三十三年（1898—1907年），东北人口出现突破性增长，10年内人口增长率高达400%。据统计，1911年东北总人口1841万人，其中进关移民即达1000多万人。

光绪三十三年（1907年），奉天、吉林、黑龙江三省正式建立。宣统三年（1911年），清政府制定了《东三省移民实边章程》，尽管当年清朝被推翻，但章程由北洋政府继续组织实施。加之安奉铁路（今丹东—沈阳）、吉长铁路（吉林—长春）、京奉铁路（北京—沈阳）、中东铁路（由哈尔滨起，西至满洲里，东到绥芬河，南至旅顺口）的相继修通，将辽西走廊、松辽平原、辽东半岛连通在一起，铁路沿线一批城镇也相继兴起。

由于交通条件大为改善，开发东北资源成为民国初北洋政府的一项重要战略决策。时东北三省亦竞相派官员入关招垦，如：1926年，黑龙江省罗北县在山东、河北各地遍贴文告，提供种种优惠，招民垦荒。而交通部亦屡次降低火车票价鼓励移民出关，并特别对家属出关给予票价优惠。由此，在民国初年，移民东北再次形成热潮。

当时，唐秦地区出关移民亦大幅增加，但以在铁路沿线各城镇经商为主，在东北商界一度形成了具有很大影响力的所谓"老呔帮"。据20世纪二三十年代统计，仅乐亭一县到关外经商者就达十万之众。其时有民谣曰："东北三个省，无商不乐亭。"也有戏言："关外凡有家雀落的地方，就有老呔开的买卖。"据1901年出版的《哈尔滨指南》，以商号名目统计，昌滦乐人开的商号即占三分之一。

秦皇岛地区人多地少，土地贫瘠，入清以来，由于地接东北，出关谋生为百姓谋生之选，据民国《昌黎县志》载："乡里儿童至十四五岁时，凡识字者率多出门经商，不识字者亦出门赴商家学手艺，然十人之中在本县者十之二三，赴东三省者十之八九，赴京津者百无一二。"又据 1936 年日本满铁株式会社对山海关黑汀庄调查，1931 年前全村 50% 农户到东北打工和做买卖。在 1937 年卢沟桥事变当年，昌黎、抚宁、临榆三县出关谋生者仍达 50453 人。

据统计，东北三省 1915 年时人口为 2010 万人，到 1924 年达到 2571 万人，1930 年达到 2995 万人。15 年间，平均每年增加 65.7 万人。"闯关东"以山东人、河北人为主，据 1927 年统计，那时的移民，山东人占 59%，河北人占 39%，河南、山西等省移民仅占 2%。

"闯关东"路线为：陆上，如徒步，经山海关、锦县（今凌海市）、凌源、朝阳出关，这条路叫"榆关道"；如乘火车，则由津浦铁路或京汉铁路转京奉铁路由山海关出关。海上，则由山东省沿海之龙口、烟台、威海、青岛上船，至大连（旅顺）、营口、丹东码头上岸。1931 年，英国人琼斯在他著的《1931 年后的中国东北》一书中说："大概有三分之二的人是由海道去的，从青岛、烟台或天津出发到大连和营口。其余三分之一的人，则乘火车或者步行，是由陆路经山海关去的。"

"闯关东"的移民活动，在山海关无疑留下了极深的印痕。近年，在古城钟鼓楼下已塑有当年移民的身影。遥想当年那些筚路蓝缕的移民们携家带口，背包罗伞，迈着疲惫的步伐，行走在古城的东西大街上，战战兢兢跨过第一关的门洞时，心情是何等的紧张和惶恐。古城东门外凄惶岭，又名欢喜岭，据清初杨宾著《柳边纪略》卷三说："盖东行者至此凄惶，而西还者至此则欢喜也。"他还赋诗描述自己的心情：

　　　山海关前日色昏，风尘况复暗乾坤。
　　　不堪更上凄惶岭，双袖横流血泪痕。

这也是"闯关东"人们的共同性情吧！

闲话"临榆"

明洪武十四年（1381年），征虏大将军徐达于山海关筑城池关隘，命名"山海关"。根据朱元璋"令将士屯田，且耕且战"的命令，于此设山海卫，领十千户所，即左所、右所、中所、后所、中左所、中右所、中前所、中后所、山海所、镇抚司所。那时，常备军的组织分卫所两级，大体以5600人为卫，卫下设5个千户所，每千户所1120人。山海卫下辖10个千户所，是个大卫。所以，宣德五年（1430年），朝廷将山海卫左所、中所划归辽东，变为统领八千户所。时山海卫疆域为：东30里至辽东广宁卫中前所（今绥中县前所），南10里至海，北80里至义院口关，西90里至抚宁县（今抚宁区）。

明崇祯十七年（1644年），清人于山海关甲申之战后，入主中原，而山海卫之制未变。清乾隆三年（1738年），清廷鉴于"军卫地率多屯营，自国朝休养生息百余年来，无征发戍役之事"，随诏改山海卫为临榆县，同时废屯编社。时，疆域调整为东10里至关外红墙（今南窑河乡边墙子村），西60里至深河，南10里至海，北70里至义院口关。县置七社，均以吉祥语命名，曰：天清，地宁，长治，久安，属国，年有，丰登。对于临榆县的建立，时人都给予了热情的称颂。永平知府说："我皇上改卫为县，易军为民，举屯所属之有司，所以一事权而课吏治，意至厚，典甚巨也。"管辖顺天、永平二府的通永道常亮说："乾隆朝置县，隶永平。其地负山带海，土疆寥阔，人烟繁稠，桑麻千亩，盈畴遍野。门无击柝之声，邑静花林之吠，际斯盛者，抑何厚幸欤！"

对于何以名县为"临榆"，历来有二说。一为继承说。清代学者郭长清在《临榆县考》文中说："临渝，汉县也，以渝水得名。自汉至唐，凡志临榆者，渝字皆以水旁。"又说："《辽史》载榆关，临渝之易水从木，实始于此。"二为地临榆关得名说。如我市文史学者康群先生在《榆关考辨》文中说："清乾隆年间置临榆县，又以临近榆关而得名。"其实，"临榆"二字内涵极为丰富。"临"为六十四卦之一，《周易》说："象曰：泽上有地，临。"唐经学家孔颖达疏："泽上有地者，欲见地临于泽，在上临下之义。"《周易》又云："临，元亨利贞。"元亨利贞，其意为《临卦》之德，有纯阳之性，能以阳气始生万物，又能使物性和谐，各得其利，更可使物坚固而贞正得终，可谓大吉大利。又，"临"有临幸之意。榆关在乾隆二年前，清康熙、雍正二帝多次临幸此地，说因帝王临幸而得名，也未始不是其由。

临榆建立后，乾隆五年（1740年）第一任知县王毓德乃在山海关南城门内路西建县衙。其址原为户部监督署所在。康熙三十三年（1694年）该署迁往关城东门，县衙乃依其址所建。县衙落成后，历经200余年，曾多次维修增补，光绪四年（1878年）编修的《临榆县志》附《县署全图》。

古代衙署设置有一定规制，一般均坐北朝南，沿中轴线依次排列：照壁，又叫影壁，立于县衙大门前，面北画一传说中的贪婪怪兽"犭贪"，以警诫官员不要贪赃枉法。大门两边为八字墙，明间置匾，书"临榆县衙"。仪门，为县衙第二道正门，此门在迎接上级官员时方开，或审理重大案件时，大开仪门，让百姓人等到大堂观看。平常官员人等均从两侧旁门出入。戒石坊，为一牌坊建筑，面对大堂立一"戒石"，石南面刻"公生明"三字，石北面刻"尔俸尔禄，民膏民脂，下民易虐，上天难欺"十六字。三班六房位于甬道中戒石坊两侧，是吏役办事的地方。三班指皂、壮、快班。其站堂、行刑、内勤、门卫，分属皂、壮二班，专管缉捕的步快，马快为快班。六房为吏、户、礼、

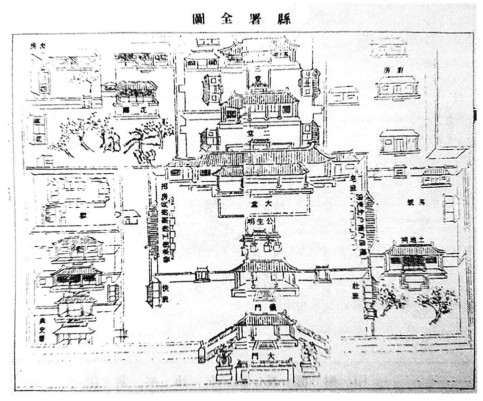

县署全图

兵、刑、工书吏房，是县衙门内部机构，其办事人员称书办，经承或承发吏。
各房职能为：吏房管人事，户房管钱粮、税收，礼房管教育、祭祀，兵房管
兵役、战事，刑房管破案、刑役，工房管交通、水利、建筑等事。大堂、二堂、
三堂为中轴线上三大建筑，大堂又称正堂、公堂，是知县听政的地方，县令
在这里发布政令，举行重大典礼，或公开审理案件。二堂又叫退思堂，所谓
"退思"，即退思补过之意。二堂功能是知县小憩、退思、预审案件的地方。
三堂是知县的正宅，内设接待室，是知县接待上级官员、商议政事、处理政
务的地方，对事涉机密的案件也在此审理。正衙西跨院从南而北为典史署，

或称捕亭，是典史办事的地方，掌管治安和刑狱。清代一般不设县丞和主簿，而由典史总领其事。监狱，关押犯人。花厅，是知县眷属居住的地方。东跨院自南而北为"土地祠"，土地又称"社神"，管理一地的年岁丰欠，所以建祠祭祀。马号，即马厩。厨房，是县吏的食堂。

临榆县衙自建至毁，大致历时200余年，如果存在，将是一笔很大的财富。像河南内乡县衙、山西平遥县衙，由于保存完好，成为国家一级文物，也是最受游客青睐的地方。如今，其址断井颓垣，令人感慨。

临榆县的建置到1954年被撤销，历时224年。其间，历清、中华民国到中华人民共和国成立。据统计，历任知县、县知事、县长124人。其中多有忠诚为民而有建树者。如乾隆六年（1741年）知县张楷，面对境内虎患猖獗，乃选壮勇捕杀，其患遂息，百姓为立"伏虎碑"，以纪其功绩。乾隆十七年（1752年）知县钟和梅，撰修《临榆县志》十四卷，并修葺倾圮之城中钟鼓楼、东西南三城楼、天后宫、龙王庙，使关城面貌一新。道光十三年（1833年）知县萧德宣，创建关城东溟书院，并著《山海关杂咏》数十首，令关城文风斐然。光绪二十六年（1900年）知县俞良臣，在八国联军侵占山海关期间，利用英俄矛盾，周旋其间，使关城得无糜烂。

关城的胡同

    人说一个城市的老胡同就是一个历史博物馆，那里记录着城市的缘起与变迁、珍闻遗迹和风土民情。

    山海关古城为明初始建的一个军事防御城池，原为驻军之所。在古代，军营有条、营、标之分。古城鼓楼东西大街，昔为通衢大道，以此为界，街南一片为驻军之地，故鼓楼南大街以东有东头条至东十条，以西有西一条至西九条。这种称"条"的胡同在全国已极为罕见，就笔者所知，只有北京的东四牌楼，有头条、二条、三条、四条、五条、六条、七条、八条、九条、十条，十分整齐；宣武门外将军教场有头条、二条、三条、四条、五条；前门西河沿有香炉营有头条、二条、三条、四条、五条、六条。南京市的鼓楼，有二条巷和三条巷。它们可称为胡同史上重要的遗产了。

    而鼓楼东西大街以北一片则不称条，而直称胡同。如以姓氏命名的穆家胡同、黄家胡同、安家胡同，以庙宇命名的城隍庙胡同、太傅庙胡同。因为这一片居住的多是军官、行政官员家属与平民百姓。

    山海关古城由东西南北四面城墙围起，面积不足 1.3 平方千米，住户不满 1000，而 300 年来特立之士却层出不穷。明兵部主事陈绍曾有议论云："山海峭壁洪涛，耸汇南北，束若甕牖，其秀爽灵淑之气无所输泄，宜必产而为瑰伟卓特之士。"即地灵而有人杰。

    考人物之盛，以明为最，明成化、嘉靖、万历三朝，古城人郑己、萧显、詹荣、冯时泰、刘延宣先后中进士，并为朝廷命官。郑任监察御史，抗言亮节，有"史鱼[1]之直"；萧任按察司金事，振绝学于边鄙，以贤得名，有"蘧伯玉[2]之操"；詹任兵部尚书，奋勇决谋，不避险难，有"宁武子[3]之愚"；冯任工部郎中，以"清慎"留名；刘任大理寺左少卿，以"惜才"名世。后郑己、詹荣、刘延宣均入《明史·名宦列传》，萧显、冯时泰入《畿辅通志·名宦》之中。昔鼓楼西街有"独乘骢马坊"，乃为郑己而建；鼓楼东街有"进士坊"，乃为萧显而建；鼓楼西街又有"尚书坊"，乃为詹荣而建。

　　入清，关城名门望族，有"三公""八大家"之说。三公，一为栾公，名东龙，字云从，为榆关世家，以明经起，司训灵寿、雄县，后官平阳（山西临汾）郡丞；二为吕公，名鸣章，字大吕，古城世胄，世袭万户侯；三为穆公，名齐英，字羽宸，祖上随徐达迁居山海，为关城望族，其子尔谟为进士。三公以文而振家声，有"三老"之称，时有"三老作朋，如冈如陵"之谚。"八大家"为李友松、谭遂寰、高选、刘克望、程印古、曹时敏、冯祥聘、吕鸣章八人，或名绅、或官员、或名士，均为一时之选。其后之特立之士仍不绝于缕，至民国仍有田中一之人杰，亦难尽述。

　　李白诗有"曲巷幽人宅，高门大士家"句。世事迁移，300多年来，关城曲巷幽门中，高门大士之家经过了无数次变迁，现已消磨殆尽。然则登上城楼，还可以看到鳞次栉比地覆盖着黑瓦的四合院的古风建筑。徜徉于称"条"的古老胡同中，还可以观赏到苍颜而宽大的屋宇式的、时而有砖雕、时而有镂刻的门楼与横额，门侧已分化磨损了的石鼓、石狮，以及光滑的上马石、

1　史鱼：春秋时卫国大夫，字子鱼。为人正直，孔子说，史鱼这个人，当国家政治清明时（邦有道），或政治不清明时（邦无道），他都敢于劝谏卫灵公，言行像箭一样直。

2　蘧伯玉：春秋时卫国人，这个人严格要求自己，有高尚的品德，当国家政治清明时就出世做官，政治黑暗时就退而隐居。

3　宁武子：名俞，卫国大夫。当国家政治清明时，他显得很明智；当国家政治黑暗时，他变得很愚笨，而避免不必要的牺牲。

下马石，屋檐垂脊上莲花形的饰瓦和钟铃形的铁马。大门门板门框上那古老的嵌刻楹联是见不到了，如果主人准你进入院落，还可以看到一字形的影壁，垂花式的中门乃至佛龛。

胡同是城之实，城墙是城之貌，城楼是城之目，它们组成一个整体，表现着中华民族的建筑文化与建筑文法。著名建筑学家梁思成讲过这样一段话："无论哪一个巍峨的古城楼，或一角倾颓的殿基的灵魂里，无形中都在诉说，乃至于歌唱。时间上漫不可信的变迁，由温雅的儿女佳话，到流血成渠的杀戮，他们所给的'意'的确是'诗'与'画'的。但是建筑师要郑重郑重的声明，那里面还有超出这'诗'、'画'以外的'意'存在。"在西方建筑如风卷残云般横扫中国的今天，古城的胡同已成为一个历史的"孑遗"。为了梁思成先生说的这个"意"，这个我们心灵的寄托之乡，我们千万别再伤害它了。

竹枝词中的临榆风物

　　"竹枝词"本巴渝一带（四川东部）民歌，唐代诗人刘禹锡入蜀，根据民歌作新词，歌颂三峡风光和男女爱情，而兴盛于世。"竹枝词"形式表现为七言绝句，语言通俗，音调轻快，雅俗共赏。清中后期，由于"开通民智"的启蒙意识逐步深入人心，刘禹锡采集土风，仿制新词的做法甚为流行，诗人们自觉地把目光转向民间，从歌颂当地风物及男女爱情中得到巨大乐趣。正如梁启超先生所说："此时文学之进化有一大关键，即由古语之文学变为俗语之文学也。"

　　榆关地区由清嘉庆年开始，一些地方官员和文人学子亦趋此风气，争作竹枝词，而其成就大者当推萧德宣、刘征泰。

　　萧德宣，字兼哲，别号春田，湖北汉阳人。进士出身，道光十三年（1833年），任临榆知县，为官清廉，以"劝农课士"为要，重视农业和教育，创建了东溟书院，使关城文行兼修。三年任内颇著政绩，后官至天津海防同知。在临榆期间，他写有竹枝词《山海关杂咏》，多咏关城风物，如：

　　咏名胜者："逼仄深沟望欲还，蓦然匹马上天关。后山洞转前山洞，奇绝辽西第一山。"（悬阳洞）"万里追寻太苦辛，长城忽尔哭声振。秦皇纵有排山力，不及穷途一妇人。"（姜女祠）"果然石径隐优昙，楼阁参差隐翠岚。红叶白云看不厌，教人常忆五泉庵。"（五泉庵）"海云远映现烟鬟，乐寿亭边时往还。千叠屏风一曲水，夜来梦绕二郎山。"（乐寿亭）

榆关札记

咏迁安驿(在城西关)之支应繁忙者:"迎恩门外马如梭,日日侯王拥节过。莫漫放青山里去,大官支应近来多。""白帽时逢高丽使,黄衣常见喇嘛僧。缘何毂击肩摩甚,十月辽东又厚冰。"

咏贫民之出入关门者:"小车轧轧独轮摧,男女咨嗟面色灰。问是贫民勤服苦,一年一度出关来。""徘徊歧路俨迷津,偷渡更遭关吏嗔。万里辽东皆内地,于今犹禁扒边人。""红墙一带肃观瞻,旅店年末次第添。相戒行囊收拾净,关门翻索比前严。"

咏农民生计者:"二百里外是干沟,多少庄头作市头,不应官差种官地,山中别有古春秋。"[1]"贫民多半采樵忙,涧低归来已夕阳。一路塞驴负薪走,隔山错认是骡纲。""山田望泽喜长流,驱尽旱虹岁倍收。早起看云知有雨,昨宵海啸老龙头。""东风著力任吹嘘,海上冰消二月初。新起茅棚三十所,家家占地打青鱼。""队队游鱼逆水回,熏风吹遍石河隈。绿杨影里人声杂,小艇轻蓑卖海胎[2]。""叫破晴云透晓寒,角声隐隐起城端。土人说系催租例,莫认悲笳泪不干。"[3]

咏其他者。咏东溟书院:"买得南城屋几层,诸生分点读书灯。频揩老眼天边望,望尔东溟起大鹏。"[4]咏石河摆渡:"细流经雨便洪湍,守渡篙工下手难。任尔故添风浪势,须臾到海即安澜。"咏窖冰:"北城阴窖筑牢牢,斫取河边雪后涛。开到荷花天暑甚,县官小印送冰条。"戒官吏勿做豺狼:"东罗城外晓飞霜,东罗城内剑戟张。中外一家门户好,莫教当道有豺狼。"咏都帅祭海:"二仲中旬轰炮雷,南城入夜报关来。沿途十里红灯起,都帅承恩祭海来。"[5]

---

1 干沟及口外一些大集镇,俱庄头霸之。
2 海胎:海胎鱼。
3 二八月城上辰时鸣角,云催租。
4 予买左翼德君旧宅三十余间,改作书院,曰东溟。
5 时都统一岁二祭海。

刘征泰，临榆县石门寨人，进士出身，曾任清乾隆、嘉庆、道光朝翰林院庶吉士，山西繁峙知县，直隶州知州等职。致仕归乡写有竹枝词《石门杂咏》。

其歌颂家乡美景者，如："城东城北绕清波，瞭角山隈饮马河。日半柳阴停浣女，碧湾秋水照新蛾。""鸭子河边秋水清，渔人夹岸放歌行。夜来网得金鳞鲫，未到天明已入城。""隔河烟火见人家，绿柳红桃迤岸斜。底事花园名字好，村中生女尽如花。""三春好踏艳阳天，到处风光剧可怜。最爱西山桃百树，酒酣人卧落花眠。""瓜棚豆架接平沙，水转山回似若耶。为爱蟠桃山寺近，他年结伴欲移家。"

或歌颂农家风情者，如："乡村四月罢春农，少妇家家针线同。缝得新衫薄于翼，相邀齐踏药王宫。""八月霜飞早制绵，夜窗轧轧五更天。断成几匹家机布，裁作冬衣好御寒。""大王庄面大溪斜，十里阳坡五里瓜。待得瓜时齐上市，生涯不羡故侯家。""六琯吹灰那解迎，女郎深院鼓双鸣。时清不作渔阳弄，小字欹斜记太平。"

这些竹枝词语言通俗，明白如话。萧德宣诗记录了清道光年间的关城历史，许多事情为史料所不载，具诗史价值；刘征泰诗画出了一幅乡村的风景画，令人向往。

独领风骚"贞女祠"

　　山海关孟姜女庙，名"贞女祠"，坐落于山海关城东门外 6.5 千米的望夫石村凤凰山上。其建筑包括山门、钟楼、前殿、后殿、振衣亭等，前、后殿为悬山顶，三楹四窗。前殿内塑孟姜女像，旁塑二童，背包罗伞。孟姜女像为泥塑彩绘，身着青衫素服，面带愁容，遥望南海。龛上横额为"万古流芳"，两旁楹联为："秦皇安在哉，万里长城筑怨；姜女未亡也，千秋片石铭贞。"像后有"姜坟雁阵"彩绘壁画。庙内左右墙壁镶有清康熙、乾隆、嘉庆、道光皇帝御题碑刻和各界名流石刻。殿门两边有楹联："海水朝朝朝朝朝朝朝落，浮云长长长长长长长消。"殿后有一巨石，石上存有几个如人脚印模样的石坑，传为孟姜女寻夫至此，蹬石望夫所留。石上刻有"望夫石"三字并乾隆皇帝御笔题诗一首。石后有一石台，名"梳妆台"，传为孟姜女梳妆之处。台北建一六角形凉亭，名"振衣亭"，传为孟姜女万里寻夫至此，振衣洗尘之处。凤凰山北麓有"孟姜女苑"，占地 2 万平方米，有水榭、楼廊、小桥、飞瀑和秦汉、明代风格宫殿、瓦舍、城垣建筑，设置"孟姜女万里寻夫"20 个场景。

　　姜女坟坐落于孟姜女庙东南约 5 千米的南海中，距岸约 0.5 千米，为三块礁石，高者约 12 米，低者约 8 米。高者状如碑，低者状如坟。四周皆水，因常有飞雁翔集礁石上，古称"姜坟雁阵"，为"榆关十四景"之一。

　　关于此祠建始，民国十八年（1929 年）编修的《临榆县志》载："此祠（贞女祠）创始在宋以前。文天祥有楹联云：'秦皇安在哉，万里长城筑怨；

姜女未亡也，千秋片石铭贞。'以后祠虽荒废，联尚流传。至明万历间，主
事张栋重建。崇祯间，副使范志完重修…… 清康熙间曹安宇葺而新焉。"民
国十七年（1928年）出版的《东三省古迹遗闻》载："孟姜祠在绥中县，有
殿二楹，四围皆石垣，为千年前之建筑物。"清嘉庆十一年（1806年）刻本《唐
代丛书·鬼冢志》附录明万历年间浙江莆田才子黄世康撰山海关《秦孟姜碑文》，
有"降及汉魏，载饬碑金，肆我国家，复新栋彩"句，即到汉魏时，在这里
为孟姜女树了纪念碑，到明朝将庙宇修复一新并进行了彩绘。对于黄世康此说，
20世纪20年代，孟姜女故事研究学者钱肇基先生认为："必有所本，未必皆
向壁虚构也。"则山海关孟姜女庙"创始在宋以前"之说或当不虚。

　　我国著名史学家，孟姜女故事研究的开拓者顾颉刚先生，在1927年发
表的《孟姜女故事研究》一文中说："孟姜女与山海关发生关系……到现在
三百年中是最占势力的。"民国时，就已知的陕西潼关、同官、澧县、韩城，
山西潞安，河南杞县，湖南临澧，北京古北口，河北徐水，山海关十几个孟
姜女庙中，山海关孟姜女庙已属硕果仅存。近百年来，山海关孟姜女庙香火
不绝，每年阴历四月十八日的孟姜女庙会，都会吸引方圆100千米的善男信
女前来朝拜。改革开放以来，更是声名远播，每年接待的国内外游客达百万
人次。

　　那么，何以会如此？它的深层原因何在？我认为：

　　（1）山海关的地理人文环境契合了孟姜女故事的发展演变。

　　山海关枕山面海，万里长城纵横其域。其西南之岛屿秦皇岛，因秦始皇
东巡驻跸而得名。孟姜女庙所踞之凤凰山顶，风光绮丽，清康熙八年（1669年）
山海关人程观颐在《重修姜女祠碑记》中有出色描述：

　　　　孟姜足迹万里，终得夫骸，竟枕石于海滨焉。士人立为祠荐享之。
南临巨海，北望层峦，列楹数间。其地高阜杰出，下则平沙石漫。游人

至其侧，见夫浪波汹涌，潮流激荡之势，若出于履舄之下；对夫蓁莽苍郁，巅崖拔出，挟光景而薄晨星者，若出于衽席之内，因以为榆关焉。

对于大海中之姜女坟，在柴桑著《京师偶记》中，亦有出色描述：山海关澄海楼东有孟姜女墓，墓在水中央，与波涛上下，纵银涛万丈，不到坟头青草处。

孟姜女故事原型见于《左传》。春秋时，齐国攻打莒国，将军杞梁战死，其妻迎柩而哭。以后逐步演变为：秦时孟家种葫芦产女，名孟姜女——范喜良避役，遇孟姜女，二人成亲——范喜良被抓，修长城而死——孟姜女千里送寒衣——孟姜女哭倒长城，滴血认尸——秦始皇欲纳孟姜女为妃——孟姜女跳海殉夫，这样一个完整的故事。在这个广为流传的民间故事中，除山海关外，其他地方的孟姜女庙或无关（长城）无海，或有关（长城）无海。而山海关之姜女庙、坟则契合了此故事的发展演变，以其神秘魅力吸引着无数游人前来探奇。

（2）近千年来中国政治中心的北移，为山海关孟姜女庙的发达提供了坚实的文化背景。

顾颉刚先生于1927年说："北京自辽以来建都了近一千年，成为北方的文化中心，使得它附近的山海关成为孟姜女故事的最有势力的根据地。"（《孟姜女故事研究》）辽以来，北京在成为政治中心、经济中心的同时，亦成为文化中心。而文化之本质为"自然的人化"。文化之"化"，乃指二物相接，其一方或双方改变形态性质之意。孟姜女故事在传播演变中，牢牢地黏附于山海关的自然风物之中，实现了"自然的人化"。而且在文化之"化"中，极强势地将这个故事统一在上述众所认可的结构中。

山海关作为距离国都近在咫尺的畿辅重镇、商贾通道，清代的"两京锁钥"，孟姜女作为一个"求善重德""贞节烈女"的伦理型典型人物，无疑会受到国家统治者的重视。所以，清康熙、乾隆、嘉庆、道光四帝均到此巡幸并赋诗纪念，而京师的风物著作亦将姜女坟之类记述其中。这种京师对周边文化要素的吸收，其实亦是一种辐射，在这种文化要素的相互激荡中，进一步巩固、传播了它的范式和结构。如此，"山海关成为孟姜女故事最有实力的根据地"，也就势为必然了。

（3）两副奇联，成为山海关孟姜女庙最有影响力的传媒。

山海关孟姜女庙前殿对联："海水朝朝朝朝朝朝朝落，浮云长长长长长长长消。"上下联各10字，每联却有7个相同的字联列一起，只有3个字不同。它运用汉字一字多音、一字多义特点，在某几处将"朝"通假成"潮"，将"长"通假为"常"。采用不同标点法，可产生多种读法。前殿内龛两边对联为："秦皇安在哉，万里长城筑怨；姜女未亡也，千秋片石铭贞。"传为文天祥作，言简而意赅。

两联历来为人称颂，成为中国名联中的瑰宝，亦成为最有影响力的传媒，吸引着无数游人慕名而来。

（4）名人造访，使山海关孟姜女庙声名远播。

山海关孟姜女庙的另一傲人之处，在于与名人的结缘，使之多了一丝书香气。千百年来，来此瞻仰者，不光有鸿儒学士，更有帝王将相。明嘉靖年间著名文学家、书画家徐渭，于嘉靖四十二年（1563年）造访；明末清初大思想家、学者、文学家顾炎武，于清顺治十三年（1656年）造访；清文学家尤侗，于顺治十年（1653年）造访；其他造访名人不可胜数，留下诗篇有数百首之多。

清康熙三十七年（1698年）十一月，清圣祖玄烨；乾隆八年（1743年）十月，清高宗弘历；嘉庆十年（1805年）秋，清仁宗颙琰；道光九年（1829年）十月，清宣宗旻宁均来此巡幸。留下御题诗6首，随扈大臣亦有吟咏。这等荣耀，也是他祠所难巴望的。

（5）屡建屡颓，屡颓屡建，是山海关孟姜女庙生生不息的生命所在。

据记载，山海关孟姜女庙自明万历二十二年（1594年），山海关兵部主事张栋在凤凰山废庙基上建孟姜女庙，万历二十四年（1596年），山海关兵部主事张时显改建。崇祯十五年（1642年），山海关督师经略范志完重修。清康熙八年（1669年），曹安宇重修。1928年，张学良将军拨款修缮。1956年，山海关人民政府进行大规模修缮，增建登山台阶108级。1979年，进行了又一次修缮，重塑了孟姜女像。1986年4月9日，姜女庙遭雷击，后殿毁圮，当年即修缮一新。1992年，山海关区政府筹资1200万元，于凤凰山北麓建"孟姜女苑"，使孟姜女庙成为一个集朝拜与游览为一体的旅游景区，亦为全国唯一以孟姜女故事为内容的景区。

除得到及时维修外，在清朝300多年中，从康熙初年始，为"攸叙万古为昭知，不以隔代而有异"，对孟姜女庙"使之春秋二祭，其祭品诸费，每季以二两五钱为率"。其"致祭钱粮，亦动支经历司备用。徭银二项，俱不科派民间"（清康熙八年《山海关志》）。也就是说，此庙管理、祭祀费用，由地方政府拨付，有资金保证。这也是此庙长盛不衰之由吧。

孟姜女故事是与牛郎织女，梁山伯祝英台，白娘子许仙故事并称的中国四大民间传说之一，它不但有极高的审美价值、教化功能，而且是文学艺术创作的重要资源和近现代旅游业发展的依托。山海关作为这个故事"最占势力的"黏附地，在历史的长河中，已经成为秦皇岛市的一张重要名片，并创造了文化的、社会的、经济的效益。2006年，山海关被中国民间文艺家协会命名为"中国孟姜女文化之乡"，成为国家级非物质文化遗产。

毛泽东眺望"第一关"

任远同志所著《红色特工忆往事》（金城出版社，2011 年）中，讲述了他 1949 年 12 月，秘密护送毛主席首次访问苏联的过程。其中讲到毛主席乘车到达山海关，在车站停留时眺望"天下第一关"的情况：

1949 年 12 月 2 日晚上 8 时 30 分，毛主席登上赴苏的专列。列车经过天津、唐山等地，第二天早晨安全到达山海关，在这里上煤上水，换车头，停车时间较长。这时红日从东方升起，主席早已起床。主席打开车窗一看，已到山海关即"天下第一关"。我们告诉主席在山海关要停半个多小时，主席一听停车时间不短，就要下车看看有名的"天下第一关"是什么样儿。但是到站停车后，我与冯纪同志最先跳下车到列车附近巡视，站内检修人员正在紧张地准备换乘，车站内尚有一些旅客集中在候车室内观望，我们根本没有想到主席会在这个车站下车散步，因此并无其他任何警卫部署。

当时我在车前与站上公安段长了解情况时，忽然看到主席戴着皮帽披着皮外氅已经走下列车到了站台上，滕部长、杨副部长等马上走到主席跟前问主席冷不冷，不知主席有何打算，主席一见到天桥就说："天下第一关，在什么地方？上天桥上看看。"边说边走，我们紧跟在后面，当主席那高大的身影突然出现在天桥上时，列车上的同志此时方知是毛主席出国去苏联，人们不约而同地无限喜悦地互相用微笑和打手势代替语言表示："毛主席出国啊！我们给毛主席开火车啊！"

毛主席放眼远眺，他看见写有"天下第一关"大字的城楼时马上向滕部长、杨部长提出要到那里去看一看，这也是历史名胜古迹之一，能有机会路过此地，并亲自参观一下，确实很有趣。滕部长和杨副部长对此毫无准备，一听主席要去，不同意去又不好劝阻，同意去又怕出事，安全没有保证，交通工具也有困难，我已看出领导的难处。这时滕部长马上问我和冯纪有没有小汽车？

对当地情况，其他同志不了解，我对山海关还是比较熟悉的，早在抗战时，我就在临榆县作敌区联络工作；解放后因山海关桥梁工厂归铁道部直属，我正好在当年夏天七月左右专门到工厂检查工作，又曾乘工厂的小吉普车到"天下第一关"城楼上参观过。当时车站机务段等铁路单位均无小汽车，地方上县级机关解放初期也无小车，我想没有一辆小汽车无法让主席去。

为了领袖安全，我当时向主席和部长说，"找不到小汽车"，而且由车站去城楼还有七八里之远，所以说没有车子去有困难。

于是，滕、杨一致向主席报告当地找不到小汽车，以后回来时再准备好了。主席一听，只好说："那就算了！"同时又问："听说还有一孟姜女墓也在此地？"

我因了解这一情况，马上报告主席："没有坟墓，只是城墙外三里多地有一段长城断毁了，传说那里就是孟姜女万里寻夫哭断长城的地方，现在根本没有什么坟墓保存下来。"

主席一听："原来如此。"笑了一笑。这样主席就在天桥上面停留了十几分钟，观赏了周围自然风光，看到了南面渤海海面，然后步下天桥，登上列车休息，我们抓紧检查换乘情况，准备继续东进。

这一记述，说明毛主席对古城的兴趣很浓，但说他在车站天桥上能看到"天下第一关"五个大字和渤海，是不可能的。《文汇读书周报》发表过一篇《共和国警卫怎样护卫领袖访苏》文章，文说：

> 毛主席走出车厢休息。……望着那气势磅礴的"天下第一关"五个大字，毛主席深吸了几口新鲜空气，对随行人的人员说："你们看，天下第一关何等雄伟，历史上的秦始皇、汉武帝、曹操、唐太宗等，都在这里留下了足迹。我们就要出关了，到此岂有不下车之理。"

这种回忆性文字，准确性很难确定，但毛主席在此下了车，远眺关城是确实的。

Volume III

第三卷

关城人的气质

气质为人较稳定的个性特征。在一个地理、历史、经济、社会相对一致的区域和社会群体内，人的气质有其共性的特征。

明嘉靖十四年（1535年），关城进士、户部郎中詹荣在纂修《山海关志》时，对关城人之气质作过如下描述："负气任侠，慷慨激壮，犹席易水之遗烈，士业诗书，谈气节，少所让可。"清康熙八年（1669年）、乾隆二十一年（1756年）、光绪四年（1878年）所修《山海关志》《临榆县志》均遵此说。民国十八年（1929年），高锡畴修《临榆县志》，与时俱进，云："临邑承平日久，人文蔚起，有都人士之风矣！士素敦礼让，雅习诗书，文物衣冠甲七邑焉。"

根据上述描述，山海关人之气质可归纳为这样几个特点：一、负气任侠。即遇事勇于担负，肯于舍己助人。二、慷慨激壮。即意气昂扬，胸襟开阔。三、注重气节，敢于坚持正义。四、有都人士之风。即有京都贵族之风，故而文物衣冠高于永平府所属七县。衣冠文物比喻太平盛世，文人众多，文化兴盛。五、重视教育、雅习诗书、文风较盛。

山海关历史上地处边塞，为军事重地，土地贫瘠，气候苦寒，战事频仍。在这样的地理、历史环境中，最易形成人的负气任侠、慷慨激壮的性格。而山海关又有"天下第一关"之称，这"天下第一"，在边塞城镇中，无疑居于显赫的位置；而且在明初建关以来的600多年中，在京东地区，它在政治军事上亦处于他城所不可相比的重要地位。所以，关城人的骨子里也有几分"风景这边独好"的傲气和见多识广的自负，表现得意气昂扬，颇以作关城人而自豪。明清时期，朝廷许多大员，有的是一、二品京官在此任职，京城的习俗文明亦随之带入关城，就以语言而论，在冀东地区有两个京腔孤岛，一个是山海关，一个是遵化的马兰峪。山海关城里人语言之清脆柔和，行为举止之斯文优雅，说有"都人士之风"，决不为过。关城历来重视教育，明正统元年（1436年）建儒学学官，清道光年间建东溟书院（后改榆关书院），培养了大批人才，明清两朝，关城所辖临榆一县进士29人，举人200名，可见文风之鼎盛，人才之辈出。

穆氏家族

山海关古城北大街东，由南而北第一条胡同叫穆家胡同。胡同道南过去有一座大宅门，门前蹲着两个大石狮子，门楼高大，院中屋宇联翩，即穆家老宅，胡同之名由此而起。

清雍正十二年（1734年），康熙朝进士、礼部侍郎，著名桐城派散文大家方苞（号望溪）先生，因与同朝好友穆家后人穆俨若相处多年，对其家世了解甚悉，故为撰《穆氏祖墓碑文》，刻碑立于关城以北原给孤寺穆氏祖茔中。碑文说：穆家祖上原为福建省福清县（今福清市）人，明洪武十四年（1381年）奉调驻军于山海关前所，军屯守边。以后子孙繁衍，到清朝雍正年间已历十世。其一至七世子孙一直从武，守卫边疆。从八世起由于注重教育，人才辈出，出了好几个举人和进士。著名者为顺治年间的穆尔谟，在京殿试名列三甲，曾任山东莱阳知府；其弟穆尔诰、穆尔训亦任高官。其诸孙侄辈由文武科第进入仕途者有数十人之多，族党之盛，在关城无出其右，英才济于一堂，声誉达于四海。

方苞说：穆氏家族所以有三百余年的光大显荣，一是祖上广积善缘，善而不彰。他举例说，穆氏祖上一次路过丰润县时，还乡河水势澎湃，时一道员携家口十余人渡河，被洪水冲走，穆氏祖上奋不顾身跳入水中将溺水者一一救出，谢却百金不受，不留姓名而去，回到关城连对家人都不说起。这是祖辈潜德之幽光，回报于后辈子孙，印证了古人作善降祥之理。二是穆氏家族历来重纲常、明伦纪、敦礼教、读诗书，或修儒行而勤文治，或惯韬略而精武功，或著奇勋而流惠泽，或立伟绩以布辉光，所以才会"盛世万年"。三是穆氏子孙上念先公从戎之艰，下合骨肉一体之爱，世世子孙知尊卑长幼之序，贵贱亲疏之有等，祗父恭兄之有谊，敦本睦祖之有道，懔然守先世之成规而不敢犯，蔼然洽先世之恩意而不忍离。如木之千枝万叶必固其根，岩水之千流万派必探其源，而萃宇宙太和之气于一家，孝悌和谐，积累深而流光远。先生于文后有词曰："有功不显，有德不扬。如剑在匣，暗然而藏。若玉居山，非炫自良。相彼流泉，支派汪洋。眷尔嘉树，枝叶堂皇。茂根遂实，沃膏晔光。盛世万年，厥后克昌。"

方氏文章以碑志、传状为多，行文昌达，条理严整，语言雅洁，风格清淡闲远。《穆氏祖墓碑文》为方氏所著《方望溪先生全集》中之佼佼者，可为研究关城历史的重要文献。

傅作砺救难方观承

有清一代，以布衣而任职直隶总督的唯方观承一人。其自乾隆十四年（1749年）至三十三年（1768年），任职直隶总督达19年之久，也是任职时间最长的一位。他督直隶期间，热心推广甘薯种植，解民饥荒，于是百姓称甘薯为"方薯"；又推广棉花种植，绘制《棉花图》一书，作技术指导，使直隶成为全国重要棉花产区；又大力治理水患，提倡井灌，增加浇地面积。是一个政绩突出、品德高尚的官员。去世后，清廷谥以"敏恪"二字，意即聪慧通达、诚笃忠厚，评价是很高的。

方观承青少年时命运坎坷。康熙年间，安徽省桐城县（今桐城市）的士人戴名世，编修了一部《明史》，因戴住在桐城的南山岗，而取名为《南山集》，这本书因为借用了方观承曾祖父方孝标著《滇黔纪闻》的一些资料，当《南山集》被人告发酿成文字狱后，方孝标其时已死，但被戮尸，其子孙受到牵连被抄了家，方观承祖父方登峰、父亲方式济被流放到黑龙江齐齐哈尔。

方观承在祖父、父亲流放后，衣食无着，流浪乞讨，倍极凄凉。多亏了南京清凉寺一个叫中州的僧人对他照顾，才有了个寄身之处。后来他到宁波访一个亲戚，求助不得，又多亏一个杀猪的屠户及其妻子看他可怜，供他衣食，并给他两千铜钱的路费。一日，他流浪至直隶保定白河，天降大雪，他冻僵于一个古寺外，又是寺中僧人给他灌下汤药将他救醒，在寺养病数日。正是这些好心人一次一次救了他的性命，帮他渡过了难关。方观承危难时帮助他的还有一个人，就是山海关人傅作砺。清光绪《永平府志》卷七十二载：

> 方敏恪公观承，少时，父祖戍宁古塔。公携仆（老仆人）寻亲，间关跋涉，比至关，资斧即竭，风雨交集，适至城中二条胡同。主仆偃蹇卧檐下。室主人候选州同傅君作砺，方假寐，梦黑虎抱一犬在门外。趋视，见主仆，甚异之。询其家世，迎入斋，款留数日。临别厚赠之，获达戍所。后敏恪既显贵，念傅君旧德，多所赠遗，皆不受。惟代请平郡王手书"玉德松身"额，为太孺人寿，及仁庙颁赐"福"字，皆拜受之。公每巡行至山海，仍主傅君家，殷勤道故，始终为布衣交。

这里稍作解释。平郡王为清努尔哈赤后裔，爱新觉罗家族在征准噶尔（今新疆伊犁）时，保举方观承为记室，随军出征。后方观承被擢拔为浙江、山东巡抚，直隶总督，多为平郡王之力。故傅母作寿时，方观承乃请平郡王为傅母题写了"玉德松身"匾额。这在关城可谓独有的荣耀了。

汤琵琶榆关遇知音

　　清初，著名诗文家王猷定，著有《汤琵琶传》一文。传云：汤琵琶本名汤应曾，江苏邳州人，以善弹琵琶而闻名。其所弹古调计百余曲，风雨雷霆、愁人思妇、百虫之号、草木之吟，无不于其声中传之。而尤擅《十面埋伏》《胡笳十八拍》《洞庭秋思》诸曲。

　　明嘉靖年间，先被召至河南开封周藩王府（朱元璋第五子朱橚及后裔封号）。隆庆初，又被召至征西将军王崇古幕中，随历陕西、甘肃一带，每临战，将军则令其弹《十面埋伏》及塞上之曲，以壮军声。

　　后，转至京畿榆关。一天，适大雪，汤夜宿关城酒楼，弹思乡之曲，音调哀伤。次晨，酒楼下一年轻妇人登楼会汤，说："你的琵琶声那么悲凉，令人伤心。你一定有什么心事，我不知道能不能为您分担。我寡居十年，和母亲相依为命，可是母亲死了，想找一个男人，又没有合适的。听了你的琵琶，我十分感动，不知我可不可以做你的妻子。"汤说："你能伺候我母亲吗？"妇人曰："能。"则载之同归。

　　后汤被襄王（明仁宗第五子朱瞻墡后裔）所召，远赴湖北襄阳。夫妻别离。不久，妇人在邳州去逝。临死前，对婆母说："我很久没听郎君弹琵琶了，倘若他归来，请他到我的坟上给我再弹一曲吧。"汤三年后回到家乡，听母言，难抑哀痛，当晚，乃陈酒浆，弹琵琶于妻墓侧。一曲罢，自是再不弹，亦不复娶。

尚可喜榆关得跛金

清文学家钮琇，字玉樵，著有《觚剩》一书，内有《跛金》一文，抄录如下：

> 金光，字公绚，浙江义乌人。知书，有权略。尚可喜从辽阳入关，得光甚喜，置之幕下，凡有计议，必咨于光而后行。然光颇自负，意不欲屈人下，乘间潜逃。可喜遣健卒追还，抉其足筋，令不可走。而礼爱益加，于是跛金之名遂著。

尚可喜，辽东海州（今辽宁海城）人，明崇祯时为辽东副总兵。崇祯七年（1634年）投降后金（清），任总兵官。皇太极崇德元年（1636年）封智顺王，隶镶蓝旗。顺治元年从清兵入山海关驻守。顺治六年（1649年）入广东，封平南王，为清初三藩之一。吴三桂叛乱时，其子之信响应，他忧急而死。金光为其最信任之谋士。为留住人才而挑断其足筋，实悖理，但可见其爱才之甚。

一片石烈女碑记

明末时，山海关一片石关赵姓戍卒之女年十六，为比邻恶少马铎，以借针计，挑戏之，被女呕骂而去。女谓其名声受到玷污不胜惭忿，而闭门自缢。里人诉以当道，乃为立碑以旌。

时关城士人傅光宅为撰《烈女碑记》。《烈女碑记》叙烈女受辱自缢经过后，赞道：

> 余惟赵女者，问其地，则边陲；问其家，则戍卒；非长育名阀，非素谙母训，其所渐染习闻，未知于成仁取义之旨，何如而所为若此？其劲节刚肠，真欲凌霄汉而薄日月，视流俗猥鄙之行，不啻浼之，虽古竹帛所载，丹青所图，殊未能轩轻于其间矣。籍令女而丈夫显荣于时，其所以植纲常维名教者，岂其微哉！顾造物者奈何厚其所禀而虐其所遭，卒使之抱愤郁以殁也。天乎！虽然女不遭恶少，身不亡，即使幸而称百岁姁，而怂怂闷闷以老耳，然后知天之所以玉成斯女者，千百世不死也。

碑记赞赵烈女，以其劲节刚肠，以维名教后，竟然说赵女之死乃"天所以玉成斯女"而使其"千百世不死也"。否则即使活到一百岁，亦不过蒙蒙昧昧度过一生而已。这种评论，令人匪夷所思。

中国的封建礼教，对女人毒害尤深，如《改良女儿经》有"李氏负夫骨，因牵断其臂"的教导。李氏为五代时虢州司户参军王凝的妻子，王凝死后，

榆关札记

李氏背着丈夫尸骨回家，路过开封，天黑住店，店主人因嫌不吉利，就牵扯李氏的胳膊把她推出门店。她觉得这只胳膊被别的男人拉过了，不再清白，就用斧子砍断了这只胳膊。这种视生命为儿戏的作为，竟然作为女性必守的准则。

后来傅光宅与崇祯年间任山海关兵部主事的朱国梓、恩选贡生吕鸣章一起到一片石吊祭赵烈女坟，傅光宅作诗云：

> 一冢青山下，经过感慨深。
> 家贫依草莽，塞远对荒林。
> 正气来天地，芳名自古今。
> 崔嵬一片石，千载见贞心。

朱国梓和云：

> 残碣列贞迹，和诗敬服深。
> 生为婧处子，死表丈夫林。
> 不学何须问，古维自范今。
> 九关一片石，不转万年心。

吕鸣章和云：

> 孤贞一片石，凭吊引悲深。
> 洁骨凌霜色，丹精化碧林。
> 杀身逼视古，正气轶无今。
> 断臂堪同烈，哀哉赵女心。

我读赵女悲剧时，心有烈栗之痛。一个 16 岁的少女，竟然为了一个无关生命的"清白"，而断送了性命。虽被后人或为"记"或为"诗"，赞之颂之，而与那鲜活的生命比，又值几何呢！

公益千秋

乐善好施，扶危济困，为人美德。古城古来仁人好义之士，多行公益之事，特录数例。

一、给孤会

1644年甲申之战，石河两岸尸横数万。残魂馁鬼，无人祭奠，甚为凄惨。清康熙乙酉年，关城人刘磐若与知己二三人春游夜归。

> 遥见荒郊古冢，磷火荧荧，触目心伤。慨然动念，因与偕行诸同志谋立给孤一会。归，以斯意禀其尊人辅公先生，先生闻之欣然称善，曰："此义举也，何为而不急于行哉？失所之悲，无间幽冥；利济之思，何分人鬼！以彼魂飘异域，茕茕谁依？啼雨号风，何忍恝置？且见义必为，美德也。子力行之，又安所用游移为！"公随命磐若敬邀里中善良靳君允一等，募众捐资，公举善会。每岁清明、麻谷，以及孟冬朔日建坛北郭外，延僧施食，广给孤魂，三十余年如一日。……给孤善会诸君子，推胞与之心，广幽冥之惠，泽及枯骨，乐善不倦。……美哉，斯会一举，而众善备焉，人心厚也，风俗醇也，游魂安也。（光绪《临榆县志》卷二十四）

二、王善人

善人王弼侯者，邑诸生[1]也。祖居西罗城，敦孝友，尚礼让，疏财仗义，乐善好施。自雍正年间施药救人，其后世相承无替。乾隆三年，捐住宅地东西两丈余，辟为南北通衢，以便人行，名"遵义胡同"。乾隆八年，邑侯张楷健彰善坊旌之。乾隆四年，捐修白桥，并舍桥南西岸房基地，建水坝，立石碣，又筑白石桥一段，名"仗义桥"。于房后菜园南凿井，以资里闬[2]饮，名"遵义井"。乾隆五年，捐修郭西石河内石桥东西两段，计石七十余丈，凡三年而成，名"遵义桥"。舍菜园数百畦与高姓种，以充搭撤遵义桥之费。当初，设渝关书院时，捐重资以襄事，又竭力捐仓谷。奏请恩奖以荣其亲，方伯沈元起旌其门曰"善有余庆"。乾隆九年，独力修西门口道，扶杖鸠工，寒暑不辍。督学钱陈群题其额曰"孝弟忠信"，又旌曰"仁风足式"。至传家节俭，训子有方，有《百忍诗》传颂。生于康熙，卒于乾隆，寿七十，平生善事卓著，妇孺咸知，至今犹啧啧颂曰："王善人。"（光绪《临榆县志》卷二十）

三、置"三田"

李兆蓉，字镜芙，交界河人，邑庠生孝子。父福，性慷慨，疾革时，召蓉而嘱之曰："余久欲置祭田、学田、道田，而志皆未逮，汝能体此乎？"蓉曰："唯唯，弗敢忘。"因名其堂曰"三田"，盖自矢也。以后精勤节俭，历五十余年，卒成父志，三田各有碑记，立村外道旁。母殁，庐墓三年，仲兄鳏独无依，为立嗣，给旨甘，祖父孝子坊，叔母节孝坊，皆独力建树外峪，

1　邑诸生：秀才。
2　里闬：乡里。

有马烈妇捐碑而阐其幽，周庄舍义地一区，东河建石桥一座，门前为山石要路，凹凸难行，雇工按岁垫修，往来称便，山门寺为樵采之地，险绝难逾择尤削平，遂成蹊径至于寻常施与，或赒恤乡里，或救济亲朋，罄竹尤难枚举云。（民国《临榆县志》卷二十《李镜芙传略》）

四、设义学

马有助，城西北外峪庄人。因乡居地僻，子弟失学者多，遂独力创设义学一所，乡中贫乏子弟成就甚夥。民国六年春，又值荒歉，民食维艰，有与同兄有文，购粮数百石，以救济附近各乡之贫困，名虽曰贷，至秋成时还则收之，以备再放，不还者听亦不取赎。不求助赈之名，而有救济之实，里党之中赖以保全者甚众。事闻，经徐大总统颁给"任恤可风"匾额，并给褒章二份，以旌其善。乡人勒石以报其德。（民国《临榆县志》卷二十）

五、济赈办学

"田子韫山，名中玉，直之临榆高建庄人也。方颐美须髯，朴讷不苟，与人言唯恐不尽，为人谋唯恐不忠，人或以庸鲁目之。""年十八，肄业于北洋武备学堂"，先后任陆军标统、协统、兖州镇总兵、察哈尔都统、山东督军。后"痛时势之日非，准古人乞祠之例，坚请开缺，授益威上将军，自处闲散。甲子秋，直奉战于山海关，既夺农时，又遭兵燹，居民无以为生。韫山益蜀租办赈，其不足者又募捐以益之，所存活者甚多。曩以其家两世节孝，奉令在籍建祠，乃仰承先志。于祠左设高初两级中学，又分设小学八九所，免其学费，以恤寒儒。并广造林场，为他日扩充计。树木树人，意志深远"。（民国《临榆县志》卷十九）

警世剧社

晚清到民初时期，山海关是京东最热闹最繁华的城市。因为地处两京咽喉要道，又为东北与直隶物资、商品之交汇处，商旅络绎，带动旅社、饭店、游乐之所无比兴盛，成为一个重要的销金窟。

那时，古城南门外的"快活林"有一个叫"兴业茶园"的戏园子，一年四季都有演出，可谓是天天锣鼓，日日笙歌。民国七年（1918年），唐山的平腔梆子戏班——永盛合班应邀在此演出，却发生了一件为戏班改名的佚事，在中国的评剧发展史上，留下了一个永传不衰、为人称道的佳话。

中国评剧的前身叫"莲花落"，据说始于清嘉庆年间（1796—1820年），流传于冀东的滦县、迁安、宝坻、三河一带。后来，吸收了东北"蹦蹦戏"（二人转）的营养，因此，莲花落又称蹦蹦戏。那时，莲花落演出的剧目中"粉"戏比较多。光绪三十四年（1908年）在天津演出时，当局以"有伤风化，永予力禁"，将这些戏班逐出津门。

后来，冀东莲花落艺人成兆才、月明珠、任连会等组织了一个戏班，叫"京东庆春班"。因为当时永平府也禁止莲花落演出，他们就把莲花落改名为"平腔梆子戏"。那时，成兆才改编了《乌龙院》《借女吊孝》《安安送米》《打狗劝夫》等18个剧本，演出内容与艺术均有很大提高，在滦县、昌黎、乐亭农村演出时，很受欢迎，使莲花落兴盛起来。后来，庆春班由农村走入城市，到唐山小山的"永盛茶园"演出，大受欢迎。这时，引起山海关一个叫曹起的人的注意，他到唐山邀月明珠到山海关演出。

因为到山海关演出，庆春班换用了"永盛茶园"王永富之子王凤亭的戏箱，经王凤亭提议，将京东庆春班改名为"永盛合班"，王凤亭当了班主。民国七年（1918年），永盛合班来到山海关，在"兴业茶园"演出。那时，月明珠的名声誉满京东，他创造的"反调大慢板"低回婉转，抒情味浓，很受欢迎，许多观众都想一睹其风采为快。一天，在月明珠演出成兆才编的《黄氏女游阴》时，由于观众太多，楼上楼下坐满外，还站满了，把楼压得格格直响，掌柜的担心塌下来伤了人，只好用木柱子顶住楼板。

山海关有个叫奎旭东（或为魏旭东）的老人，曾在河南做过三任知府，他儿子在山海关火车站当站长，他告老还乡，带着小孙子看月明珠演出。那时，永盛班的学徒后来唱红了的金开芳、金开亮、张润时，都是十多岁的小孩子，和奎旭东的孙子混熟了，就领他到后台去玩。奎旭东老人也跟到后台，他问演员们，你们这个戏班叫什么名字？大家说，叫"永盛合班"。老人摇摇头说："不好，什么班呀班的，窑子才叫班呢。你们这么好的艺术，另起一个名字吧？"演员们说："你给起一个吧。"奎旭东说："我看你们演的戏，都还是劝人行好的，有警世意义，就叫唐山首创警世戏社吧。"由此，由王凤亭当东家的这个永盛合班就改名叫"警世戏社"了。

后来，警世戏社越唱越红，演员队伍逐年增多，就分为头班、二班、三班三个戏班。民国十二年（1923年），警世戏社头班在天津宴乐茶园演出，前清遗老吕海寰看戏后赠送了"风化有关"匾额给戏班。他对演员们说："你们的戏有评古论今之意，你们是评论大家，你们应在平腔的'平'字旁加个'言'字，叫'评戏'，比叫落子或平腔梆子戏好。"警世戏社觉得此名既大方又有意义，采纳了他的意见。以后平腔梆子戏就改名为"评戏"了，中国一个新的剧种名字由此诞生。

韩少云

山海关地灵人杰，出了不少人才，在戏剧界当数韩少云了。

韩少云（1931—2003年），评剧女演员，原名王守贞，山海关人。幼年家里穷，刚九岁就被送到一个三合戏班（京剧、评剧、河北梆子联合戏曲班）学唱戏。她十九岁时，受教于评剧演员金菊花（滦南县人，原名杜之蕙），觉得评剧的表演亲切、自然，又接近生活，就选择了评剧为终生职业。后来，有位评剧界前辈叫刘子西，看到她刻苦好学，有前途，就主动教了她十几出戏。刘子西文化水平较高，既能教戏又能讲解，为韩少云演传统戏打下了深厚的基础。后来，她又拜老一辈著名演员金开芳（河北滦县人，评剧第一代花旦艺人，演"杨三姐"第一人，后来任沈阳评剧院名誉院长）为师，得到不少教益。

1949年，中华人民共和国成立，她在唐山演出了《白毛女》《九件衣》等现代戏，受到观众热烈欢迎。她说："我演这些戏很入迷，因为它要求真实动人，而不是装腔作势。"当时，在传统戏上，她最擅长的是《珍珠衫》《桃花庵》《人面桃花》，在冀东评剧界的青衣、花旦行当上已崭露头角。

1950年，韩少云参加了东北实验评剧团，演出了《鸭绿江怒潮》《是谁在进攻》《粮耗子》《小二黑结婚》等现代戏。1951年，东北实验评剧团开始排演《小女婿》，她演杨香草这一角色。1952年，为了参加第一届全国戏曲观摩演示大会，她与剧组对这出戏的剧本、唱腔、表演等，都作了大的加工，

《小女婿》韩少云饰杨香草、赵荣鸣饰田喜

对她演新戏、创新腔，起了很大的促进作用。比如《小女婿》里杨香草的"小河流水还是哗啦啦地响"一段唱，是由音乐家安波和韩少云等演员一起创作的。韩少云在演唱时，为了通过景物的夸张来描绘香草感慨往事的思想感情，就在"哗啦啦"三个字后面又加了四个"啦"。这句唱后面的过门，又重复和延长了唱腔的旋律，引申了香草的感情。第二句"河边的柳树还是那么样的弯"，在创腔时重复了"还是"两个字，用来表达香草的内心活动。1952年这个戏参加了全国第一届戏曲观摩演出大会，韩少云饰杨香草，赵荣鸣饰田喜，获得演出一等奖，韩少云获得了演员一等奖。小河流水的唱腔在《小女婿》演出后风靡了全国，在20世纪50年代，从城市到农村几乎家喻户晓，人人会唱。

后来，东北实验评剧团改名为"辽宁评剧团"，1959年又改为"沈阳评剧院"，下属三个团，韩少云任沈阳评剧院一团副团长，与筱俊亭、菊桂芳、张莲君、郭少楼、杨福盛一起任主演。她表演朴实细腻，唱腔圆润醇厚，吐字清晰，腭（疙瘩）音运用尤佳，自成一派。她一生最擅演的剧目《小女婿》《江姐》《杜鹃山》《小姑贤》被拍成电影。

评剧《孟姜女哭长城》

有一个著名剧作家叫文东山（1875—1949 年），满族，北京人。此人年轻时曾在北京入河北梆子和京剧班学艺，后来走上编剧的道路。曾为演梆子戏和皮黄戏的女演员金紫玉编授《千金一笑》《庚娘传》《孟姜女哭长城》等剧目。民国十八年（1929 年），被邀入唐山警世剧社三班，为该班主演筱桂花移植《孟姜女哭长城》一剧。

这出剧是文东山根据河北梆子和民间传说改编的评剧剧目。写范杞梁被秦始皇抓作民夫去修长城，其妻孟姜女带领仆人孟福和丫鬟春兰去长城送寒衣。途中孟福害死春兰，逼孟姜女成亲，被孟姜女设计杀死。孟姜女至长城，闻夫已死，跪地恸哭，长城一角为之倾倒。秦始皇见孟姜女貌美，欲纳为妃。孟姜女要求秦始皇命满朝文武披麻戴孝，厚葬范杞梁，自己则于望萍桥上哭祭后，投海自尽。

此剧于民国十八年（1929 年）在沈阳共益舞台首演，筱桂花饰孟姜女，成国祯饰范杞梁。剧中"思夫""住店""过关""哭城"等场次，在河北梆子基础上，编写了合适评剧演唱的唱段。在"过关"一场，孟姜女的唱段中，筱桂花将评剧韵律糅进小曲中演唱，凄怆哀怨，委婉动听。饰门官的文东山亲操四弦胡琴伴奏。唱到悲处，台下顿生抽泣，筱桂花善演悲剧从此闻名。该剧后来被录为唱片，广为流传。

戏剧《山海关》

清末民国时期京戏、河南太平调、保定老调等剧种,都演出戏剧《山海关》。此剧分连本戏和单本戏两种。

连本戏为袁崇焕抗后金的故事。剧情出自《明纪·熹宗纪》和《明纪·庄烈纪》。明天启六年（1626年），努尔哈赤率后金军攻打宁远（今兴城），被袁崇焕重创,于当年八月抑郁而终,其八子皇太极即位称汗。皇太极亦屡次败于宁远、锦州,乃于崇祯三年（1630年）率十万大军由喜峰口入关威胁明都北京。崇祯帝急召各路兵马入京救驾。袁崇焕接告急文书,统领精兵千里驰援,至京城下,不及休整向金军发起进攻,后金军大败,撤军50里。崇祯大喜,亲自出城劳军。袁求率兵入城休息,崇祯拒绝;求在外城休息,亦拒绝。无奈只好在旷野驻扎。次日,崇祯命袁攻后金,因将士疲惫,袁稍迟疑,崇祯乃疑袁拥兵自重,要挟自己。时,后金军施反间计,谎称金兵撤军为与袁有密约,并故意让囚禁在金兵处的太监听到,而放其回宫。太监告知崇祯。崇祯立召袁进宫下狱,言袁谋反,被凌迟处死。此戏主角为袁崇焕。

单本戏是讽刺吴三桂引清兵入关的短戏。1963年7月,著名作家老舍到山海关与小海燕评剧团演员座谈时说,他幼年看演吴三桂引清兵入关的《山海关》,当多尔衮带兵到威远城时,吴三桂去拜多尔衮,清兵给吴三桂剃了头,留长辫。这出戏就是吴三桂甩长辫,骑木马的特技表演。

罗盛教塑像

罗盛教，原名罗雨成，湖南省新化县圳上镇桐子村人。1950年参军，1951年4月参加中国人民志愿军入朝参战。1952年1月2日早晨，在寒风刺骨、风雪弥漫的朝鲜村庄石田里，一个叫崔莹的朝鲜儿童掉在栎沼河的冰窟中。跟随部队在此驻防的罗盛教，奋不顾身跳进深达几十米的冰窖中救出了孩子，他却被零下20多度的冰水冻僵而不幸牺牲，年仅21岁。

罗盛教奋不顾身为抢救朝鲜儿童而牺牲的行为传开后，深深感动了朝鲜人民，无数当地群众前来与他的遗体告别，并按当地风俗将他埋葬在朝鲜的土地上。在他的墓碑上，有朝鲜人民的伟大领袖金日成同志的题词："罗盛教烈士的国际主义精神与朝鲜人民永远共存。"朝鲜政府授予他朝鲜民主主义人民共和国一级国旗勋章、一级战事荣誉勋章。中国人民志愿军为罗盛教追记特等功，授予他"中国人民志愿军一级模范"称号。

罗盛教牺牲前一天晚上，在写给父母的信中有这样一段话："青春是美丽的，但一个人的青春可以平庸无奇，也可以放射出英雄的火光，我必须把我放在炉火里，看看我是不是块钢铁。"他在人生道路的关键时刻，以自己的实际行动实践了自己的誓言，使自己的人生得到了升华。

朝鲜战争中，一批朝鲜儿童被疏散到辽西和山海关一带，在关城约有100多名朝鲜儿童在鼓楼西大街文庙读书。1953年，战争结束后，这批孩子回国时，提出塑造一尊罗盛教烈士像，立于关城，以为中朝友谊的永久纪念。

山海关地方政府根据这一提议，并报请上级批准，雕塑了一尊与真人大小一致的罗盛教像，放置在天下第一关之瓮城。在 20 世纪 50 年代，每当清明时节，各学校都组织学生前去瞻仰并敬献鲜花。如今，这一塑像已移往山海关烈士陵园。

罗盛教塑像记载了那一段中朝深厚友谊的历史，值得永远纪念。

关城"关帝庙"

三国时蜀国大将关羽，以"忠义"而闻名，但在宋朝以前，并不为人所重。宋以后，其事迹被神化，而有"关公""关帝"之称。元末明初，罗贯中据陈寿《三国志》、范晔《后汉书》及某些传说综合熔裁而著《三国演义》小说，于关羽多所夸饰，为明清两代，尤清代皇帝所重，立之为神。因此关帝庙林立各地。

山海关在明初，关帝并无专祀。徐达在关城东二里建一"镇东庙"，祀有关羽神像，有震慑外夷之意，后庙倾圮。嘉靖甲申年（1524年）冬，辽人李珍等率众乘虚入山海关抢劫，致守关之兵部主事王冕被害，百姓议论为庙毁而无神呵护所致，次年，马扬来关任兵部主事，乃从民意而修复，重祀关羽于庙。

但到清初，由于清世祖顺治封关羽为"忠义神武大帝"，令各地建庙奉祀，到康熙八年（1669年），山海关城关帝庙就建有六处之多，其一在东罗城，一在西罗城，一在东瓮城，一在西瓮城，一在演武场西，一在旧招练营。其余不可胜载。于每年阴历五月十三日致祭。

为了推动对关帝的致祭，并树关帝高大形象，乾隆四十一年（1776年），乾隆特别命内阁传达上谕云：

> 关帝在当时力扶炎汉，志节凛然，乃史书所谥，并非嘉名。陈寿

于蜀汉有嫌，所撰《三国志》多存私见，遂不为之论定，岂得为公？从前曾奉世祖章皇帝谕旨，封为忠义神武大帝，以褒扬圣烈。朕复于乾隆三十二年降旨加"灵佑"二字，用于尊崇。夫以神之义烈忠诚，海内咸知敬祀，而正史犹存旧谥，隐寓讥评，非所以传信万世也。今当抄录四库全书，不可相沿陋习，所有志内关帝之谥，应改为"忠义"。第本传相沿日久，民间所行必广，难于更易。著交武英殿将此旨刊载传末，用垂久远。其官版及内府陈设书籍，并著改刊此旨，一体增入。钦此。

此谕认为陈寿撰《三国志》"多存私见"，对关羽所谥"并非嘉名"，因此要予否定。《三国志·蜀书》中《关羽传》内容简要，在讲他的战绩后，指出他与糜芳、傅士仁不和，困难时众叛亲离；因激怒孙权，遂使腹背受敌，终于大败，动摇了三国鼎足的平衡；在裴松之引《蜀记》所作"注"中，说到他在曹操、刘备围吕布于下邳时，关羽向曹求娶貂蝉一事；说明关羽是有缺点的人。乾隆为利用关羽这个"工具"，巩固清的统治，乃歪曲历史，而修改旧志，则以帝力而强加于人。此后，关帝庙更遍布于临榆各地，连角山寺也建庙专祀。

Volume IV

第四卷

嘉靖名臣葛守礼

葛守礼，字与川，山东德平（今德州市）人。为明嘉靖八年（1529年）进士，嘉靖十年（1531年）任山海关兵部主事。清康熙《永平府志》说他："敦礼法，谨言笑，持躬范物一准古道，至取予尤严，一介不苟，关法肃然。"明文学家，隆庆朝任礼部尚书、东阁大学士的于慎行称：嘉靖朝"大臣有德望者，独推公[1]"。

葛守礼晚年写有《家训》一文，其中提到他任山海关主事时的一件事，及由此事而引发的一些纠纷：

> 予在山海时，陶真人仲文，以辽阳库官任满回，夹带军妻，到关诘出。予发巡捕指挥徐凤仪问究，军妻解回原卫。仲文家人依律追问，渠[2]甚衔之。……仲文至京，有真人之宠，鸾与妻遂相往来。徐是山纬守关，因盘诘武定侯勋家人，被其诬奏，至于逮系。仲文语人曰："山海主事亦可拿乎！"意盖在予也。时，予以起复至京，詹角山[3]语予曰："此人不可不防。"予曰："祸福固有定数，不能宛曲求解，听之而已。"予寻补礼部，迁议制郎中。仲文时加礼部尚书，择日来部到任。予与众僚议不可相见，是日当托故皆不入部，众以为然。至日渠来，见四司无人，

1　公：葛守礼。
2　渠：指陶仲文。
3　詹角山：詹荣，山海关人，时任太常寺少卿。

各留一名帖而去，竟亦无如之何也。

......

　　陶仲文既荷宠异，常入直万寿宫，时于便殿赐坐赐食，从容谈论。闻上两次询大臣臧否，至守礼，则先发云："此朕所素知，是在礼部、山陕、河南有声者，闻他清操如故。"陶出，辄恚愤累日，语其徒曰："葛与川公好造化，上每访问诸大臣，便先称之。"盖修旧怨，不能遂其中伤也。此自鬼神呵护，然圣德高明，埒于大造，吾子孙当世知所以报称可也。

葛守礼在《家训》中讲了他在山海关任兵部分司主事时，因查诘陶真人夹带军妻，而得罪陶，被挟私报复，终因嘉靖帝赏其清誉，而使陶无机得逞事。葛一生先后任彰德府推官、山海关兵部分司主事、南京礼部尚书、户部尚书、刑部尚书、左都御史、太子少保，历嘉靖、隆庆、万历三朝，声名卓著。

戚继光蓟镇诗话

戚继光，山东济宁人。明嘉靖七年（1528年）生。从小饱读诗书，习练武功。17岁时，其父病逝，乃袭父职，任登州（今山东蓬莱）卫指挥。嘉靖二十七年至三十一年（1548—1552年），即其20～25岁时，奉命每年到蓟州戍边一次。他曾写有《马上作》一诗，记述这五年军务生活：

南北驱驰报主情，江花边月笑平生。
一年三百六十日，多是横戈马上行。

嘉靖三十二年（1553年），戚继光26岁时升任署都指挥金事，负责山东沿海防务。次年，调浙江，任参将，负责抵抗倭寇。他招募义乌农民，编练新军，人称"戚家军"。嘉靖四十二年（1563年），升总兵官，经多次奋战，解除浙江、福建一带沿海倭患，使戚继光享"一代战神"之誉。

隆庆二年（1568年），戚继光以都督同知，调镇蓟州，总理练兵事务兼蓟镇一线军事防务。其采取修城、练兵、拒敌三项措施，用"修长城，保京师，保家乡"的口号鼓舞军队士气，将蓟镇长城修得固若金汤。他创造的步兵、骑兵、车阵相结合的战术，使蒙古鞑靼不敢越长城一步。明万历时，诗人陶允宜作《喜峰口道上呈戚少保》，对戚继光的丰功伟绩作了热情歌颂：

蓟门往事震京华，十六年来静不哗。

> 路出万山通鸟道，城悬千嶂压龙沙。
>
> 空中云影连楼阁，夜半风声度鼓笳。
>
> 老将莫怜心力破，金汤终古在皇家。

戚继光不仅对蓟镇防务，而且对辽东防务亦多贡献。万历七年（1579 年）冬，蒙古图门汗部进犯辽东镇锦州营，辽东总兵官李成梁星夜派人请求驰援，戚立即亲率大军出发，在出榆关时，适值寒夜，冷风刺骨，戚继光却豪情满怀，在马上吟《夜出榆关》诗一首：

> 飞羽辽河上，移军滦水东。
>
> 前驱皆大将，列阵尽元戎。
>
> 夜出榆关计，朝看朔漠空。
>
> 但期常献馘，不敢望彤弓。

戚军在狗儿河与敌相遇，戚以鸳鸯阵法发起攻击，敌军大败。继与敌战于石河墩，歼敌无数，并乘胜追击 200 余里，使蒙古鞑靼不敢觊觎辽东。戚继光两战两胜，捷报传到朝廷，加封戚继光为太子少保。

戚继光在蓟镇镇守多年，出现了他诗中说的"东回地轴山河固，西拥天关宫阙尊"，即长城无事，朝廷平安的局面。戚对蓟镇充满感情，愿意在此镇守一生，他在《登盘山绝顶》诗中说：

> 霜角一声草木衰，云头对起石门开。
>
> 朔风边酒不成醉，落叶归鸦无数来。
>
> 但使雕弓销杀气，何妨白发老边才。
>
> 勒名峰上吾谁与，故李将军舞剑台。

即为了能固守边防，使这里再没有冲杀之气，他愿意即使白了头发，也要永远镇守在蓟镇边防。汉李广将军在盘山留有舞剑台，他誓愿如李广一样将自己的名字勒刻在盘山峰顶上。

他又多次到他修筑的老龙头入海石城上观海。一次，在老龙头宁海城城台上写出《观海亭》诗一首：

> 曾经泽国鲸鲵息，更倚边城氛祲消。
> 春入汉关三月雨，风吹秦岛五更潮。
> 但从使者传封事，莫向将军问赐貂。
> 故里苍茫看不极，松楸何处梦魂遥。

此诗首联回顾了他在东南沿海抗击倭寇，而使海境安静；在蓟镇抗击蒙古鞑靼，消除了边境妖氛的历史功绩。颔联说在暮春三月细雨和风的日子里，来到榆关观海。颈联说，对那些上书密告他的人，他取"随他去"的态度，更不指望朝廷对他会有什么赏赐。尾联写他思念故乡和先人，但隔着这茫茫大海望不到故乡，那先人的坟茔也只能在梦中去寻觅。诗篇的格调是低沉的，抒发了他心中的块垒。

戚继光在蓟镇戍边16年，最后几年，由于过度操劳，加之朝廷中支持他的好友主持军务的谭纶、俞大猷，首辅张居正相继逝世，一些反对派以他是张居正一党而上书密告，多方掣肘，令他身心交瘁，虽仅50多岁，但两鬓如霜，肺病缠身。他作有《病中偶成》组诗，今录三首：

> 燕越烽烟二十春，一朝病集未闲身。
> 忽来窗外黄梅雨，又送新愁到耳频。
>
> 边愁隐隐上颠毛，肺病那堪转侧劳。
> 惟有空庭一片月，漫移花影护征袍。

> 风尘已老塞门臣，欲向君王乞此身。
>
> 一夜寒霜侵短鬓，明朝不是镜中人。

可见他心情的低沉和苦闷。而此时给事中张鼎思上疏，说他"先在闽浙，战多克捷，今蓟镇未效功能，乞改南，以便其才"。万历十一年（1583年），戚继光以多病之身，被调往广东。临行时，蓟镇总兵府所在地的三屯营乡亲们夹道相送，依依难舍。时人陈第写《送别》诗，有"谁将旌麾移岭表，黄童白叟哭天边"句。

对于他的遭遇，他的好友，著名诗人王世贞十分不平，写了《戚将军赠宝剑歌》二首：

> 毋嫌身价抵千斤，一寸纯钩一寸心。
>
> 欲识命轻恩重处，霸陵风雨夜来深。

> 曾向沧海剚怒鲸，酒阑分手赠书生。
>
> 芙蓉涩尽鱼鳞老，总为人间事转平。

这两首诗对功勋卓著的戚继光晚年的遭遇表示了极大的同情，借用汉将军李广难封的典故，抨击了明王朝对功臣的寡情薄意，抒发了诗人对现实的不满。

戚继光在广东戍边两年，万历十三年（1585年）因老病复发，上书请辞，卸甲还乡。万历十五年（1587年）病逝，年仅59岁。朝廷薄幸，而他的事迹400多年来却口碑相传，家喻户晓。

孙承宗著《车营扣答》

孙承宗，字稚绳，号恺阳，直隶高阳人。明万历三十二年（1604年）中进士。天启二年（1622年）任兵部尚书，是年赴山海关任督师经略，统领山海关及蓟辽、天津、登州军务。他多次出关巡边，主持修筑了宁远（今兴城）等大城9座，堡45座，练兵11万，立军营12个、水营5个、火营2个、前锋后劲营8个，时有"战具数百万，拓地四百余里"之称。

孙承宗在山海关任督师经略期间，著有《车营扣答合编》一书，由《车营百八扣》《车营百八答》《车营百八说》和《车营图制》汇编而成。集中研究了火器与车、步、骑、辎结合运用的作战特点与方法，具有重要军事价值。在《车营百八扣》的序言中，他提到，为了讨论研究车营的编组和作战方法，"日与诸文武大吏肄[1]。撞晚钟而入幕，独坐则思，漏四五下，觉而又思。撞晓钟而起，且与诸文武大吏肄。知则试之，不知则相与探讨"，到了废寝忘食的地步。为了在实战中能临敌应用，他还"发探子入其地，习其山川部落所经之水陆，乃规[2]河之广狭，量地道之险夷。酌日短长，占风旁正[3]，图其地之城池向背"。"合之得百有八，借为问，以发诸文武大吏肄"，即根据战场的地理形势，而提出将来战争中可能遇到的108个问题，与文武官员一起研习讨论，以求得

---

1 肄：研习。
2 规：测量。
3 风旁正：风向。

答案。后来他将这些答案汇编起来，则为《车营百八答》和《车营百八说》。

在《车营扣答合编》中，孙承宗提出了"用车在用火""用火在用叠阵"的作战思想。所谓"用火"，即发扬火力；所谓"叠阵"，即步、骑、炮诸兵种重叠纵深配置，相互协同，以弥补不足。他在书中记载的车营阵形和火器配置，都是采用诸兵种纵深配置。不但有进行防御的阵形，而且还有用于进攻，甚至强渡江河和海岸登陆战斗的形式。他研究的车营由前后左右四冲组成，布阵时以营为单位，主将统一指挥。防御队形主要有方阵和圆阵，都是以车营主将为中心，前、后、左、右冲分别环绕。进攻队形有直阵（纵队）、曲阵（横队）和锐阵（前三角形）等。这些阵形不但以营为单位实行，而且在营以下的冲、衡、乘等建制单位，都可根据情况和地形灵活变化，使车营陆形千变万化，层出不穷。

灵活运用这些阵法，构成了孙承宗独具特色的车营战法。例如，防守时，车营布成方阵或圆阵，构成能对四周防御的环形阵势。对进攻之敌，距离远时，用火炮轰击；近时，用弓矢和短兵器格斗。如果敌集中进攻车营一面时，用预备队增援，不得抽调其他方面兵力，防止敌人声东击西。防守时要考虑到出击反击。出击时，火器配备一般是：步兵以鸟枪、佛郎机在前，三眼枪、火箭在后；骑兵则三眼枪、弓矢配合使用，火炮在纵深支援。这种与反击出击相结合的防守，体现了积极防御的战术思想。

清初学者陆桴亭在他的《思辨录》一书中说，兵家们很喜欢介绍出奇制胜的方法，却很少谈及军队的旗鼓步伐。出奇制胜的办法是虚的，而旗鼓步伐即教养训练的方法却是实的。对虚的东西，聪明的人自然可以领会得到；而实的东西不学习是不行的。孙承宗这本书，就是着眼于作战方法的，而且是着眼于与后金（清）兵在辽西辽东作战的方法的，是"实"的东西，具有很强的实用价值。它的实质是用火力与车阵相结合，诸兵种协同作战，以抗击后金优势骑兵突袭的新尝试，并以此阵法而取得"宁锦大捷"。

孙承宗于明天启二年（1622 年）和崇祯二年（1629 年）两度任山海关督师经略，而于崇祯五年（1632 年）被罢职回到高阳老家，在故居写有《斋居杂咏》。其中一首云："千里风烟当昼昏，排来鹅鹳拥和门。渔阳老将谈新战，几度褰裳指箭痕。"这里，"鹅鹳"为战阵名，"和门"为军营的大门。这首诗说，当年任督师经略时，蓟辽一线东西千里，日夜处于战火之中，为战胜敌人自己经常在军营和诸文武大吏研习新的阵法，并多次撩起衣裳看身上的箭伤之痕。

"痴人"袁崇焕

  1999年版《辞海》载"袁崇焕"词条,说:"袁崇焕,明军事家。字元素,广西藤县人,祖籍广东东莞。万历年进士。天启二年(1622年)任兵部主事,单骑出关,考察形势,还京自请守辽。他筑宁远(辽宁兴城)等城,屡次击退后金军进攻。六年获宁远大捷,升授辽东巡抚。次年获宁锦大捷,皇太极又大败而去。被崇祯帝授兵部尚书衔,督师蓟辽。崇祯二年(1629年),后金绕道自古北口入长城,围北京。他星夜驰援,因崇祯帝中反间计,以为他与后金有密约,而被冤杀。"袁崇焕于万历四十八年(1620年)和崇祯元年(1628年)两次任山海卫经略,督师山海。总督蓟辽时,往返山海辽东,运筹帷幄,长宵不寐,亲莅战场,勇敢拼搏,立下不朽功勋。而下场如是,令人唏嘘。

  北京著名历史学家阎崇年先生在《袁崇焕其人其事其精神》的讲座中,将其精神归结为"仁、智、勇、廉"四字,即仁爱亲民,以智求新,勇敢拼搏,清正廉洁。自崇焕冤死,后人多抱不平,并与极高评价。明末文学家张岱在《石匮书后集·袁崇焕传》中说:"此臣作法自别,向为县令,不取一钱,天生此臣,以为社稷。"清末,梁启超作《袁督师传》说:"若夫以一身之言动、进退、生死,关系国家之安危,民族之隆替者,于古未始有之;有之,则袁督师其人也!"又说:"若袁督师者,真千古军人之模范哉,真千古军人之模范哉!"而最可说明袁崇焕精神者,则为明末程本直之《漩声记》中一段话:

举世皆巧人，而袁公一大痴汉也。惟其痴，故举世最爱者钱，袁公不知爱也；惟其痴，故举世最惜者死，袁公不知惜也。于是乎举世所不敢任之劳怨，袁公直任之而弗辞也；于是乎举世所不得避之嫌疑，袁公直不避之而独行也；而且举世所不能耐之饥寒，袁公直耐之以为士卒先也；而且举世所不肯破之体貌，袁公力破之，以与诸将吏推心而置腹也。犹忆其言曰："予何人哉！十年以来，父母不得以为子，妻孥不得以为夫，手足不得以为兄弟，交游不得以为朋友。"……即今圣明在上，宵旰抚髀，无非思得一真心实意之人，任此社稷封疆之事。予则谓："掀翻两直隶，踏遍一十三省，求其浑身担荷，彻里承当如袁公者，正恐不可再得也。"

我想，即在今时，袁崇焕之品德、精神，亦应为我们学习之榜样，况其事迹皆在此关城所成也。惜清、民国《山海关志·名宦》卷竟都不载。

范志完之死

范志完，河南虞城人。明崇祯四年（1631年）进士。初任直隶永平府推官，负责刑狱司法事务，继任湖广布政司检校，江西宁国府推官。崇祯十二年（1639年），擢任山石道，负责山海路与石门路的军备、民政事务，直到崇祯十四年（1641年）。对于在山石道的工作，清康熙朝编纂的《山海关志》给了他很高的评价，说他很有才气，办事干练，履职三年，关城百废俱举，修整了城池，疏浚了河道，宽徭薄赋，救荒济困，兴办学校，奖励节孝，使"政治为之改观"。

历史上，在秦皇岛一带，范志完是留下墨迹最多的一位官员。如山海关后角山有他的石刻"层峦叠翠""百二山河"，长寿山有他的石刻"花墨留香"；昌黎县碣石山韩文公祠后的悬崖上有他的石刻"泰山北斗""五峰环翠"和"游水岩歌"。但书法水平较低，运笔软而无力。他在山海关还留下了许多诗作，如绝句《出义院口看屯》《春日渡榆关闻远钟并闻海潮》《石门道上》，律诗《春日观兵瀚海》《出大沽路口烧荒》等。他的诗风颇为清纯，情景交融，珠圆玉润，如《春日渡榆关闻远钟并闻海潮》："榆关西去渡危桥，溪水涓涓月半霄。弹指三生俱梦幻，钟声遥带五更潮。"绘出一幅由危桥、溪水、月色和钟声、潮声组成的夜半静寂环境，而引出诗人一种哲理性的感悟，可称佳作。

同时，这个人具有一种浪漫狂傲的气质，做过一些很荒诞的事情。比如他游碣石山的挂月峰时，到一个叫"刘九洞"的地方，见削壁处有"若要洞门开，

还得刘九来"刻字。他想自己乳名叫刘九，莫非冥冥中与此洞有缘，遂令人
凿开石洞，并修一门，改"刘九洞"为"范公洞"，并放置一尊有以他为模
特的线刻石像供人瞻拜。山海关城西之石河每到汛期常泛滥成灾，百姓颇以
为苦，他不是建筑防水工程，而是效仿唐朝韩愈任潮州刺史时写《祭鳄鱼文》
以驱恶溪鳄鱼的办法，写了篇《告石河文》云："自告之后，安澜异于昔日，
是石河之灵也，每岁春秋当祭之；如不悛，是石河之顽且残也，完为天子命吏，
岂肯使顽残之孽为斯民害，予将合班军力塞筑边口，使石河从远方而来者还
归之外地。堂堂上国，安用此一线恶渎哉！石河听勿悔。"即是说，在我的《告
石河文》发布后，石河若从此不再泛滥，则我会春秋两季致祭你。若不悔改，
我作为天子任命的官吏，岂容你为害百姓，我将用军民之力，在你的出峪口
修筑大坝拦截，让你从哪来，还回哪去，你不要后悔。这实在可笑得很。

崇祯十四年（1641 年），范志完的座主（范在京参加会试时的主考官）
周延儒当国（主持国家政务）。由于二人关系密切，于当年冬，周擢范为右
佥都御史，巡抚山西。崇祯十五年（1642 年）春又升范为兵部右侍郎，总督
蓟州、永平、山海、通州、天津诸镇军务。当年，辽东宁远督师杨绳武病逝，
其职又由范兼代，而升兵部左侍郎，总督辽东宁远、锦州军务兼巡抚。一年之间，
范由文而武，一步登天，作为一个书生，其命运开始急剧转变。

崇祯十五年冬十月，皇太极命多罗饶余贝勒阿巴泰为大将，率军分由蓟
州之墙子岭、黄崖关入塞，先克蓟州，继攻陷迁安、三河，后分趋北直隶（包
括今北京、天津、河北和山东、河南部分地区）之山东诸州县抢掠。十月初九，
北京城戒严，朝廷急令范志完率辽东和永平、山海关兵驰援京师。但范胆小
无谋，援军到处不敢一战，致清兵一路畅通无阻，先后攻下通州、天津、香河、
真定、河间等地，暴露了范的无能。故兵部首劾其疏防，朝臣纷纷劾其贪懦，
要求撤职查办，崇祯帝以敌人未退，责其戴罪立功。

崇祯十六年（1643 年）二月，清军由直隶一路而南，攻至今山东菏泽、

河南濮阳，而后下海州（今连云港）、赣榆、沐阳、丰县。直隶、山东相继被掠。四月，清军回师北退，一路过山东莱州、登州（今烟台）北上，一路渡黄河经沂州（今临沂）、济南北上，由于抢掠极多，负载极重。朝廷命范志完与蓟镇总督赵光扑率师驻于平原（今山东德州、济宁一带），以阻其归路。范军至平原后，面对北上清军，始终畏葸不战，只在清军后边鼓噪叫喊，虚张声势，而且部队军纪极差，到处枪掠百姓财物。为此，德州佥事雷縯上书劾范。由此，清军无阻挡地回师于蓟州。时，范志完座主周延儒挂帅陈兵于通州，作为二道防线，截击清军，周亦不敢一战，却假传捷报，欺骗皇上。最后清军与周师战于蓟州罗山，明军一触而溃。此次清军入塞抢掠达半年之久，攻陷城镇 88 个，俘虏人口 37 万，抢走牲畜 32 万头，金银财宝不计其数，使明朝政治经济遭受重大损失。事定，崇祯皇帝下志完狱，于是年十二月与其师周延儒一起被斩首。

《明史·范志完列传》说："志完无谋略，悒怯甚，不敢一战，所在州县覆没，惟尾而呵噪，兵所到剽虏。"与《山海关志》对其的评价完全不同。一个文人，尤其像范志完这样自视甚高的浪漫狂傲文人，做一个文官，游戏笔墨尚可。但靠与周延儒这层关系（《明史》周延儒列奸佞传），一年内连升三级，由文转武，去指挥千军万马，在敌人面前一下子就露出了他的"百无一用"的本质，而最终丢掉性命。他的经历和命运，似乎颇有可供玩味的价值。

曹雪芹挚友敦敏兄弟

清乾隆二十二年（1757年），负责管理皇家宗族事务的宗人府理事瑚玐，出任山海关户部钞关监督，管理山海关税务。瑚玐出身宗室，为清太祖努尔哈赤第十二子英亲王阿济格四世孙。阿济格因事被赐自尽，革除宗籍，所以子孙都不显贵，任职山海关钞关监督，已是重用。

瑚玐有二子，都随父到关。大儿子敦敏，被父派往锦州任税务官，二子敦诚受父命，分司喜峰口松亭关税务。乾隆二十四年（1759年），瑚玐被革职，父子三人回到北京。

敦敏少年时与弟敦诚同读于皇族子弟学校——右翼宗学，与后来著《红楼梦》的曹雪芹在校相识，结为好友。从山海关回京后，到乾隆三十一年（1766年），敦敏先后被任为右翼宗学副管、总管，即皇族学校的副校长、校长；敦诚被补宗人府笔帖式，即文书，不久又改任庙献爵，即负责管理宗庙的低级官员。

敦敏兄弟与曹雪芹为莫逆之交，时相唱和，赠送诗作。敦敏有《小诗代简寄曹雪芹》《访曹雪芹不值》《赠芹圃》《题芹圃画石》《河干聚饮题壁兼吊雪芹》等诗作，敦诚有《寄怀曹雪芹霑》《赠曹雪芹圃》《佩刀质酒歌》《挽曹雪芹》等诗作，均为研究曹雪芹生平事迹之重要史料。今选三首，可见其情感之深。

其一，敦诚乾隆二十二年（1757年）在喜峰口松亭关写《寄怀曹雪芹霑》：

> 少陵昔赠曹将军，曾曰魏武之子孙。
>
> 君又无乃将军后，于今环堵蓬蒿屯。
>
> 扬州旧梦久已绝，且著临邛犊鼻裈。
>
> 爱君诗笔有奇气，直追昌谷披篱樊。
>
> 当时虎门数晨夕，西窗剪烛风雨昏。
>
> 接䍦倒著容君傲，高谈雄辩虱手扪。
>
> 感时思君不相见，蓟门落日松亭樽。
>
> 劝君莫弹食客铗，劝君莫叩富儿门。
>
> 残杯冷炙有德色，不如著书黄叶村。

这首诗用了很多典故，为阅读方便，略作解释。一，"曾曰魏武之子孙"，乃杜甫诗《丹青引赠曹将军霸》中句："将军魏武之子孙，于今为庶为清门。"二，"扬州旧梦"，扬州为州名，其州治三国时为吴国，后之隋朝，均治南京。曹家任官江宁织造，居南京，故"扬州旧梦"，喻曹家昔日繁华。三，"临邛犊鼻裈"，西汉时著名文人司马相如穷困潦倒，与妻卓文君在四川临邛当垆卖酒，"相如身著犊鼻裈，与保佣杂作，涤器于市中"。"犊鼻裈"一说为短裤，一说为围裙。四，"直追昌谷"，"昌谷"指唐朝诗人李贺，因李贺有诗集《昌谷集》传世而称。五，"虎门数晨夕"，南京古称为"虎踞龙盘"之地，虎门为南京又一别称。六，"接䍦"，古代一种头巾。《晋书·山简传》有"倒著白接䍦"句，此诗本此，即倒披头巾。七，"虱手扪"，出《晋书·王猛传》："桓温……扪虱而言，旁若无人。"即一边捉虱子，一边谈话。八，"莫弹食客铗"，铗，即剑。见《战国策·齐策》，齐人冯谖为孟尝君食客，弹铗而求孟尝君予鱼、车事。

其二，敦诚乾隆二十六年（1761 年）在北京写《佩刀质酒歌》：

> 秋晓，遇雪芹于槐园，风雨淋涔，朝寒袭袂。时主人未出，雪芹酒

渴如狂，余因解佩刀沽酒而饮之。雪芹欢甚，作长歌以谢余，余作此答之。

我闻贺鉴湖，不惜金龟掷酒垆。

又闻阮遥集，直卸金貂作鲸吸。

嗟余本非二子狂，腰间更无黄金珰。

秋气酿寒风雨恶，满园榆柳飞苍黄。

主人未出童子睡，罍干瓮涩何可当。

相逢况是淳于辈，一石差可温枯肠。

身外长物亦何有，鸾刀昨夜磨秋霜。

且酤满眼作软饱，令此肝肺生角芒。

曹子大笑称快哉！击石作歌声琅琅。

知君诗胆昔如铁，勘为刀颖交寒光。

我有古剑尚在匣，一条秋水苍波凉。

君才抑塞倘欲拔，不妨斫地歌王郎。

解释。一，"贺鉴湖"，指唐朝诗人贺知章，其晚年归隐浙江绍兴镜湖，镜湖又名鉴湖。二，"金龟"，唐代官员的佩饰，名"鱼袋""龟袋"。三品以上为金饰，四品用银饰，五品用铜饰。三，"阮遥集"，指三国时魏国文学家阮籍，喜饮酒，为人狂放不羁，有《阮步兵集》留世。四，"罍"，古代温酒器。五，"淳于辈"，指战国时齐国名士淳于髡，以博学著称，此处谓酒桌上都是有学问的人。六，"软饱"，指饮酒。七，"王郎"，指唐诗人王勃，才华横溢而不得志，华年早逝。

其三，敦敏乾隆二十九年（1764年）在北京写《河干集饮题壁兼吊雪芹》：

花明两岸柳霏微，到眼风光春欲归。

逝水不留诗客杳，登楼空忆酒徒非。

河干万木飘残雪，村落千家带远晖。

榆关札记

凭吊无端频怅望，寒林萧寺暮鸦飞。

敦敏、敦诚的叔父名墨香，亦与曹雪芹相过往，雪芹死后，他存有《红楼梦》八十回抄本。康熙帝第十四子胤禵的孙子永忠（字良辅），与敦敏兄弟相识，通过敦敏兄弟得从墨香处读到《红楼梦》抄本，读后书诗三首：

传神文笔足千秋，不是情人不泪流。
可恨同时不相识，几回掩卷哭曹侯。

颦颦宝玉两情痴，儿女闺房语笑私。
三寸柔毫能写尽，欲呼才鬼一中之。

都来眼底复心头，辛苦才人用意搜。
混沌一时七窍凿，争教天不赋穷愁。

周嘉琛行状

周嘉琛，字衡峰，号笑如，浙江绍兴人。1880 年生，1901 年于绍兴参加乡试，考中第 132 名举人。中举后，曾做过湖北荆门知州、山东烟台道尹、河北内邱知县。民国五年（1916 年）任临榆县知事。1920 年底调任山东省政务厅厅长，1923 年任北洋政府内务部民治司司长。1944 年去世，享年 64 岁。周嘉琛为周恩来总理再从堂叔，与周恩来一家来往甚密。

周嘉琛

周嘉琛为人和平乐易，俭以持躬，宽以御众，颇多懿行。1917 年关外大旱，粮食欠收，百姓缺食。周氏捐俸在关城设立粥厂，并拨款放赈，灾民得以度过饥荒。庚子事变后，英法俄日等帝国主义驻军南海，外国侨商纷纷在南关设立商肆，气焰嚣张，颇多纠纷。一次一名日侨被杀，凶手逃逸，日本驻关领事到县衙追索甚急，县衙人等均甚忧虑，嘉琛独从容居稳，处事裕如。很快抓获凶手，原是日人，日领事方杜口。一时，众人无不佩服其办事能力。1919 年，原北洋政府内务总长、代理总理朱启钤先生在北戴河海滨成立公益会，为保护联峰山林木不被破坏，商请周嘉琛予以支持。周当即以县令身份布告县民，禁止砍柴、伐木、采药、打猎、挖土取石，使森林得以保护。后朱氏撰《莲花石公园记》，特云："县令周嘉琛又为之禁樵苏，杜侵夺，名山胜迹，庶几获全。"后他与田中一将军一起捐款，设立榆关职业学校。

其时，天下第一关匾额破旧，周主持重新修整，并撰《重修第一关旧额记》，记云：

> 临榆城为明中山王创卫时建，东门楼高三丈，凡二层，有额曰："天下第一关"，笔力沉雄，与形势相称。游者相传为严分宜[1]手迹，考邑志，为邑人明兵科给事中、福建按察司佥事萧显书。显为天顺三年举人，成化八年进士，诗亦清逸可诵，其登城述有"八窗虚敞堪延月，重槛高寒可摘星"之句。独怪此额不书年月，不留姓字，使后之览者不尽低徊之感。余羁吏事，暇辄游观，邑绅杨雨苍、张淑芳诸君以右额绵历岁时，剥蚀可惜，爰命匠修整，并模建一方于下，更嘱纪其始末。余维望溪方氏[2]颇厌天下名胜辄为俗士自镌名子及其诗辞，如疮痏[3]蹶然入人目。萧氏书法道上，耻称其名。今乃抱残订缺，侈述缘起。如此何异俗士之务标榜，盖信古人不可及矣。

读此记，不但可赏其文采，亦可见其谦谦之风。周总理之嘉范懿行，由其叔周嘉琛之行状似可知其源流矣。

1　严分宜：严嵩。
2　方氏：方苞。
3　疮痏：伤疤。

张学良的容貌

张学良这个人与山海关颇多来往。如 1922 年第一次直奉战争时，他在山海关与直军打过仗，并在停靠秦皇岛海面的英国军舰上与直军签订了停战协定。1924 年夏，他来到北戴河，在赤土山飞机场试飞从法国进口的水上飞机。同年，在第二次直奉战争中，他进驻山海关，担任津榆驻军司令。1926 年他在与国民革命军战斗中，移司令部于山海关。1929 年夏，他在北戴河与赵四小姐演绎了一段将军与美人相恋的佳话。1930 年，他又来到北戴河休养。

据美国记者约翰·根室所著《亚洲内幕》一书（1940 年出版，大时代书局印行），描绘了张学良的容貌：

> 他有一种翩翩的风采，和引人注意的魅力。柔软的手指上好像藏着电力。但他的尊容很丑，嘴唇宽而松，带着肉感，钩曲的鼻子，不象中国人；其步伐则均衡谨慎而沉重——凡此诸端，都可刻画出他是一个非常人。

这是我看到的对张学良外貌作过的唯一描述和评价。这位美国记者对张学良的印象很深刻，说他是"最难驯、最执拗而又最动人怜的一个"。

田中玉公馆

　　田中玉（1864—1935），字蕴山，直隶山海关人。天津北洋武备学堂毕业。曾任北洋第一镇炮队第一标统带，兖州镇总兵等职。1907年任东三省督练分所总参议。1912年中华民国成立后，历任代理山东民政长，曹州镇总兵，兖州镇守使，陆军第五师师长。1915年任陆军次长、察哈尔都统。1919年任山东督军，一度兼任山东省省长。

田中玉公馆

其于 1922 年在天津今和平区营口道置地，建有一所罗马式三层砖木结构楼房，为其公馆（今营口道 42 号）。该公馆占地 1554.5 平方米，建筑面积 1756.16 平方米。楼前有四根爱奥尼克柱，特别壮观。该楼以机砖为墙身，用石料砌筑墙基。二楼有三个阳台，阳台下有线条清晰的花草雕塑。屋顶为尖顶四面坡式，有地下室。室内装饰十分考究，有壁炉、护墙板、双层玻璃窗、人字形硬木地板，屋顶有华丽装饰。公馆共有 18 个房间，一楼 5 间为客厅、餐厅、舞厅、休息厅；二楼 6 间，为卧室、书房；三楼 7 间，为民住间和储藏室。

该公馆建成后，其友人，后任北洋政府国务总理的潘复，为庆祝公馆落成，于 1922 年 11 月 12 日至 13 日，特在广东会馆举办田公馆堂会，邀谭富英、梅兰芳、尚小云演出。当年，田中玉之子田镜宇又在此完婚。

1935 年，田中玉故去，其公馆由儿孙居住。新中国成立后，1954 年天津市一商局石油采购供应站从田中玉孙田建国手中购置，成为该站营业楼。目前此楼保存完好。1990 年代中央电视台《综艺大观》节目中曾展示该楼外景。

王尽美佚事

王尽美（1898—1925），原名王俊瑞，中国共产党的创始人之一。1920年在济南成立中国共产党早期组织。次年7月出席中国共产党第一次全国代表大会，为13名代表之一。当共产党成立后，他满怀激情地赋诗说："贫富阶级见疆场，尽善尽美唯解放。"于是将自己的名字由王俊瑞改为王尽美。他的"尽善尽美唯解放"，在当时全国57名党员中流传开来，成为大家的共同理想。

王尽美于1922年6月参加中国共产党第二次代表大会后，任中国劳动组合书记部北方分部副主任，领导了山海关、秦皇岛铁路工人大罢工和秦皇岛港码头工人大罢工，在山海关铁工厂建立了山海关地区最早的共产党早期组织。

1923年任中共山东省委书记，1925年在青岛病逝。

金达其人

金达，英国人，本名 Claude William Kinder，生于 1852 年。其父曾在日本担任工程师多年，金达幼年随父赴日，在日本长大，娶日本女子为妻。早先曾在英国、俄国、日本从事铁路建筑工作，其后以铁路建筑工程师身份来华。

1876 年 11 月，直隶总督李鸿章委派上海轮船招商局总办唐廷枢，前往开平勘察煤铁矿产资源。唐在上李鸿章书中，提出开平煤矿之开采，必以修筑铁路为条件，否则断难与外煤抗衡。因此，在 1878 年夏开平矿务局成立之初，即聘金达为承办

金达

筑铁路工程的主任工程师，并委金达勘察拟由开平煤矿至丰润沿海涧河口，长约 50 千米的铁路。由于封建顽固势力的反对，此议终被打消。

1881 年，开平煤矿正式投产。这年 10 月，为解决产煤外运问题，唐廷枢提出一变通办法，即由芦台至丰润胥各庄镇挑挖一条长 70 里专供运煤的运河，取名"煤河"；再由胥各庄至开平煤矿修筑一条长约 15 里的铁路。李鸿章在奏报清廷时称"马路"。这条铁路由金达勘察设计并组织施工。当讨论

铁路轨距时，唐廷枢为省钱计，提出将标准轨距 4 英尺 8 英寸缩减 30 英寸。金达鉴于日本采用窄轨轨距对铁路发展的不利影响，坚持按标准轨距建设，从而使中国铁路与世界接轨，使用至今。唐胥铁路于 1882 年 3 月修筑，6 月竣工，此为中国自建铁路之始。为解决火车牵引动力，金达利用煤矿一些废料自制了一台蒸汽机车，起名为"中国火箭号"，此又为中国自制机车之始。

1883 年，开平煤矿总工程师薄内退休，金达接任了薄内位置。1885 年，他鉴于煤河旱季水源不足，时时停航，且运费甚巨，乃通过天津海关税务司德璀琳介绍，谒见了李鸿章，力陈延长唐胥铁路必要性。李为金达说动，于是便奏请将铁路展筑至芦台，并得到清廷批准。为筑路，特成立了以伍廷芳为总理，金达为总工程师的"开平运煤铁路公司"，于 1886 年 11 月动工，1887 年 5 月竣工。铁路公司买来 1 辆美国机车和 40 辆煤车，正式投入营运。

受金达影响，李鸿章采取了更为积极的态度。1887 年 3 月，他又奏准将该路由芦台延长至塘沽，再展筑至天津，并将开平运煤铁路公司改称为"中国铁路公司"。该路于次年 4 月筑至塘沽，这时，许多人主张将其延伸至大沽，再沿海河南岸筑至天津。金达指出，这样一来，就必须建造多座横跨海河的桥梁，将大大增加工程费用，作为干线一部分，应由塘沽沿海河北岸直接筑往天津。这一意见得到采纳。当年 8 月，铁路筑至天津。10 月，李鸿章乘火车视察了铁路全线。

1889 年秋，李鸿章以东北地区形势紧张为由，促使清政府作出修筑关内外铁路的决定。先是，中国铁路公司已将铁路展筑至林西，以运输于 1887 年开凿，1888 年投产的林西煤矿所产煤炭。1891 年，李鸿章在山海关成立北洋官铁路局，聘金达为总工程师，决定将津冶（天津—古冶）铁路东延至山海关。该路 1891 年动工，1893 年竣工，1894 年正式开通。是为津榆铁路，全长 287.27 千米。

1893 年春，李鸿章告诉金达，他已策划修筑一条由西而东纵贯东北的铁路，初步计划为由山海关经锦州，至新民屯，折而南，越辽河至奉天，再转向北经宁古塔（今黑龙江牡丹江市宁安市），至中俄边境图们江口的珲春。令他前往实地勘察。金达率领一个勘测队于是年5月出发，由水路至锦州，再由陆路至吉林、宁古塔，7月底到珲春，而后越过边境至海参崴（现名为符拉迪沃斯托克）。可惜的是，次年甲午战争爆发，打断了修筑东北铁路的进程。

甲午战争结束后，清廷同意修筑津芦铁路（天津—卢沟桥），仍聘金达为总工程师。金达在勘察设计和组织施工中，巧妙地把天津至卢沟桥的铁路先修至距京城很近的丰台，再折而西修至卢沟桥，后又由丰台修至北京永定门外的马家堡，让铁路直通至北京城。此路于1901年建成，由于北京由此可达山海关，名为京榆铁路，全长415千米。

在建津芦铁路的同时，李鸿章决定续修关外铁路，该路仍由金达任总工程师，于1898年秋启动，1899年10月修至锦州，而后由沟帮子修了一条通往营口的支线，于1900年2月完工。此时，义和团运动爆发，八国联军占领北京，京榆铁路及关外铁路由军方接管，金达仍被聘为总工程师，但很快由于与军方意见不一而辞职。辛丑条约签订后，中国政府收回关内外铁路路权，又聘请金达担任铁路顾问一职。1902年10月收回后，于1903年秋关外铁路展筑至新民屯，而告结束。时金达已51岁，乃离职回国。英国维多利亚女王特授予他圣密契尔及圣乔治骑士勋位。金达于1936年去世。

金达在华修建了中国第一条自建铁路，确立持续至今的1435毫米的铁路标准轨距，制造了中国第一台蒸汽机车。更重要的是他大胆地将中国派往美国留学的詹天佑、邝景扬、周谋谏、陆锡贵等调入铁路公司任职，在他的指导下，承担各项筑路工作，受到了锻炼，积累了经验，成为可以独当一面的技术骨干，为中国的铁路建设培育了杰出人才。另外，他在勘测津榆铁路时，发现了北戴河避暑地。1925年管洛声编著的《北戴河海滨志略》一书载："海滨倚山面海，平畴深谷，隔绝尘境。在昔交通往还不便，文人学士罕至其地，是以不甚著闻于世。清光绪十九年，筑津榆铁路工程师英员金达，测勘路线至金沙嘴，称其沙软潮平，为海水浴最佳处，怂恿供职之华人杨季琳大举购地，张燕谋得风气之先，购地尤多。自是英美教士相继至其地。"自尔成为中国四大避暑区之一。

　　一个外国人，怀着对铁路事业的真诚，在中国作出如此多的贡献，其一生亦可谓不同凡响了。

万历年间的矿税风波

明万历年间，有人上书说："辽东地方山产银矿，地有人参、貂皮、骏骐（良马），应予征收矿税。"万历二十七年（1599年），朝廷派太监高淮为税监，在山海关开设了税府。

高淮，直隶宝坻县（今宝坻区）人，乃市井无赖，后包揽了北京崇文门税课，发了家。为进一步向上爬，他自阉其身，入宫当了尚膳监的太监，后来又提升为监丞。到山海关后，他为自己的哥哥高仲、高洋，弟弟高臣、高小三，及亲属高大、高二小等，都安排了各种税职，分别占据了山海关、广宁、镇江（今丹东地区）等冲要之处。这些人在各地"入官衙，升官堂，擅出牌票"，任意干预地方政务。其搜刮无所不用其极，盘剥之广无孔不入。

一是摊派矿税。高淮爪牙随便指个土包、山头，说有矿可采，就要当地人交税。

二是强征商税。高淮坐镇山海关，偶有商人通过，即"任意挟诈"。万历三十年（1602年）二月间，高将辽阳富商张柱抓到山海关，严刑拷打，逼他献纳了两万两银子。

三是勒索大户。万历二十九年（1601年），高淮把辽东各处的管事、指挥、富户，甚至妓女、优伶都拘集到辽阳城，勒索银两，凡交银子的释放回家，没银子的锁进天王寺，或断绝饮食，或令裸卧冰上，或悬吊拷打。

四是垄断马市。在开原马市上，对女真族的卖马人百般欺凌，凡女真人好一点的马匹，立即宣布此马不能卖给别人，只能低价由他们收买，而且只给半价。

五是盘剥兵民。高淮依仗万历所宠，强行将劣马以 10 倍的高价卖给辽东驻守官兵，每年强卖马匹万匹以上，渔利白银 30 万两。并且强用士兵为自己伐取木材，凿取温石，运回宝坻，私建台榭。

当时，他的爪牙秉承他的意旨，在山海关、广宁、辽阳三地，各为他建生祠一所，内塑生像，立石碑数座。每当朔望，由百余僧人为他诵经祈福。

高淮所为，在辽东和明廷官员中引起强烈反对。当时工科给事中宋一韩上疏，说其盘剥曰："邮传惟其骚动，营卫惟其需索，山海惟其蹂躏，职官惟其凌铄，士夫惟其奴隶，军民惟其草菅，行人惟其劫掠"，"借税杀人，渎货无厌"，致使辽西辽东一带"榛莽极目，烟火不属，人烟稀少"。辽人中流传一首文人写的民谣："辽人无脑，皆淮剜之。辽人无髓，皆淮吸之。"

高淮的逆行激起民变，万历二十九年到三十年（1601—1602 年），辽阳市民罢市，把高淮爪牙余东纛包围起来，活活挤死。万历三十六年（1608 年），驻守广宁前卫（今绥中前卫）的数千名士兵反抗高淮散发劣马，打死了几个高淮爪牙。当时，辽东 137 座城堡，30 多万军队，数十万百姓，人人摩拳擦掌。在山海关，成千上万的兵众呼哨而起，包围了税府，要活捉高淮。他看形势紧张，带领家丁党羽，逼迫山海关兵部主事和通判保护他经永平府逃回北京，被万历皇帝保护起来，逃脱了人民的惩罚。

吴三桂借兵满洲

民国五年（1916年），商务印书馆之徐珂先生，辑成《清稗类钞》一书，内有《吴三桂借兵满洲以击李自成》一文，录下：

明崇祯间，吴三桂为总兵，守宁远。会流寇起，乃封三桂为平西伯。初，三桂饮嘉定伯周奎家，悦歌姬陈圆圆，以千金购之。会边事亟，遄行，不及偕，奎乃送圆圆于其父襄所。未几，流寇陷京师，襄为李自成所胁，令以书招三桂。时三桂方自宁远入援，进次滦州，而家人适至，召入，问家中颠末，知圆圆为贼将刘宗敏掠去，三桂拔剑击案，奋詈曰："吾不杀此贼以还我圆圆者，非丈夫也。"遂作书绝父，驰归山海关，遣副将杨坤、游击郭云龙赴满洲乞师，时顺治甲申四月也。世祖乃遣睿亲王[1]统师至宁远。三桂遗睿亲王书曰："三桂初蒙先帝拔擢，以蚊负之身，荷辽东总兵重任，王之威望，素所深慕。但春秋之义，交不越境，是以未敢通名。人臣之谊，谅王亦知之。今我国以宁远右偏孤立之故，令三桂弃宁远而镇山海，思欲坚守东陲，而巩固京师也。不意流寇逆天犯阙，以彼狗偷乌合之众，何能成事？但京城人心不固，奸党开门纳款，先帝不幸，九庙灰烬。今贼首僭称尊号，掠掳妇女财帛，罪恶已极，诚赤眉、绿林、黄巢、禄山之流，天人共愤，众志已离，其败可立而待也。

1　睿亲王：多尔衮。

我国积德累仁，讴思未泯，各省宗室如晋文公、汉光武之中兴者容或有之，远近已起义兵，羽檄交驰，山左江北，密如星布。三桂受恩深厚，悯斯民之罹难，拒守边门，欲兴师以慰人心。奈京东地小，兵力未集，特泣血求助。我国与北朝通好二百余年，今无故而遭国难，北朝应恻然念之，而乱臣贼子，亦非北朝所宜容也。夫除暴剪恶，大顺也；拯危扶颠，大义也；出民水火，大仁也；兴灭继绝，大名也；取威定霸，大功也。况流贼所聚，金帛子女不可胜数，义兵一至，皆为王有，此又大利也。王以盖世英雄，值此摧枯拉朽之会，诚难再得之时也。乞念亡国孤臣忠义之言，速选精兵，直入中协、西协，三桂自率所部，合兵以抵都门，灭流寇于宫庭，大义于中国，则我朝之报北朝者岂惟财帛？将裂地以酬。不敢食言。"

王得书，乃命汉军赍红衣炮，往山海关进发。及师次拉塔拉，复三桂书云："向欲与明修好，屡行致书，若今日，则不复出此，惟有底定国家，与民休息而已。余闻流寇攻陷京师，明主惨亡，不胜发指，用是率仁义之师，期灭此贼，出民水火。及伯遣使致书，深为喜悦，遂统兵前进。夫伯思报主恩，不共流贼戴天，诚忠臣之义也。伯虽向与我为敌，今勿因前故为疑。昔管仲射桓公中钩，后用为仲父，伯若率众来归，必封以故土，进爵藩王，一则国仇得报，二则身家可保，世享富贵，如山河之永也。"

三桂得书，感之，乃从大兵与自成大战于一片石，败之，追奔四十里。自成随杀襄于永平，屠其家属于京师，即夕弃都遁。三桂与阿济格追杀至山西乃还，而世祖已入都即位矣，三桂随降。

《清稗类钞》此文，披露了吴三桂乞后金出兵的信函和多尔衮的复书，对研究甲申之战，具参考价值。对于吴三桂其人，我想引著名清史学家阎崇年的一段话评之：

　　吴三桂这个人，……就人品而言，仅着重指出：明清松锦大战，身为宁远总兵而率先逃跑的是他，背明朝降李自成的是他，叛李自成降清朝的是他，勒死南明永历帝的是他，身为清平西王而起兵叛清的也是他！……反复无常，子予小人。……清朝人刘健在《庭闻录》中讲了一个故事：吴三桂在辽东的祖茔，风水"一脉三断节"，吴氏一门除吴三桂以疾而终外，都死于非命，吴落得断子绝孙的悲剧结局。……吴三桂气节之大亏，越千年而为人不齿。

甲申之战中的关城士绅

1644年的山海关甲申之战，以李自成率领的农民起义军败北，清人轻易入主中原为结局。促成这一结局的因素甚多，而其中关城士绅的作用，亦颇引人重视。

光绪《临榆县志》卷二十一载程儒珍《关门举义诸公记》云：

> 崇祯甲申四月，吴三桂奉诏入援，兵五万人号称十五万，进至玉田，闻京师已陷，旋兵山海关。召邑中绅士与议，诸公以大义劝之，于是南郊阅兵，凡一切措饷城守事宜，众慨然任之，歃血定盟，遣人东乞王师，又遣人给贼缓师。缓贼者为李友松、谭遂寰、高选、刘克望四庠生，刘台山、黄镇庵二乡耆。行至三河遇贼，遂羁于军。四月廿一日贼至山海关，营于石河之西，游击至城下。城中兵出迎战，挫其锋。是日，王师适至，驻关外威远台。出迎者为庠生曹时敏、程印古、冯祥聘、吕鸣章，其一则举人佘一元也。见墨勒王[1]，赐座赐茶，款接温蔼。偕范文肃公[2]入城，晓谕军民，人心益奋。明日昧爽[3]，王师从一片石[4]入，贼侦知迎拒。我兵亦从城中出夹攻，城守者遥助声势，贼马步二十万胥败走，我兵七战七

---

[1] 墨勒王：多尔衮。
[2] 范文肃公：范文程。
[3] 昧爽：黎明。
[4] 一片石：九门口。

捷，贼弃辎重西奔。给贼者惟高选乘间出走，贼追之被创，遇大军得全，余皆遇害。此当时诸公之事，亦关门创建以来一大举也。

此记说"吴三桂奉诏入援"，实为到京投降李自成的大顺政府，因闻知爱妾陈圆圆为刘宗敏霸占，乃"将军一怒为红颜"，返回山海关，勾结清兵入关。这其中，关城乡绅一是"以大义劝之"，并"凡一切措饷城守事宜，众慨然任之"，坚定了吴三桂引清兵入关，与农民军斗争的决心；二是"遣人东乞王师"，就是向后金乞求出兵；三是"遣人给贼缓师"，即骗农民军，说吴三桂决定投降，望李自成缓击山海关，以争得引清兵入关时间；四是清兵到威远城后，乡绅热情出迎，并请范文程到关城晓谕军民，以安定民心。可谓用尽了心机，在迎清兵入关这件事上贡献了很大的力量。

为什么在明朝灭亡，形势危急的情况下，关城乡绅冒性命危险，积极地引外敌入关呢？这是与他们的阶级利益有关的。

一是明代尤其是明朝后期，社会上的士绅阶层享有很多特权。如成为秀才，法律规定可免户内二丁差役。明朝里役负担很重，一个家有20亩地的中农，如果家里不出一个秀才，一轮到里役便会倾家荡产。二是规定成为秀才可以有奴婢使唤，平民百姓是不允许使唤奴婢的。三是秀才如果家庭困难，可以免除税赋。四是秀才在乡里处于优越的尊者地位，庶民见秀才要用官礼谒见。如果中了举人，那就更了不得，明朝的文人顾公燮在《消夏闲记》一书中，记载了明人中举的情况，说：凡是中了举人，报信的人都拿着短棍，从大门打起，把厅堂窗户都打烂了，叫"改换门庭"。工匠跟在后面，立即整修一新。接着，同姓的地主来通谱，算作一家。招女婿的也来了，有的拜作老师，自称门生。只要一张嘴，上千两的银子送上门来。出门坐大轿，前面有人给打着伞，撑着盖。在乡里，从此可以耀武扬威。如果举人中了进士，那就更威风了。上任做官，车、马、跟班，衣服用具，饮食费用，自有人支应。门前要立旗杆、建牌楼，门上要挂"文魁"匾额。举人、秀才一般都会独揽乡里事务，恃资弄权，成为特权阶层。

在帮助吴三桂迎清兵入关的 11 人中，前去"给贼缓师"的李友松、谭遂寰、高选、刘克望四人为庠生（即秀才）；刘台山、黄镇庵为乡耆，是关城中年岁较长而有名望的人。前去"东乞王师"并"迎王师"者，为举人佘一元、吕鸣夏；廪生曹时敏、程印古、冯祥聘。

甲申之后，前去"缓师"的 6 人中，只高选逃回，因功，清廷授予山西省交城县县令。东乞并迎"王师"的佘一元，授山东省莒州知州，其未上任，于顺治四年（1647 年）中进士，后升至刑部和礼部主事；吕敏夏授河南卫辉知府；冯祥聘授山东齐河知县。

石河古战场

清康熙十一年（1672 年），由山海卫掌印陈廷谟纂辑之《山海关志》编竣，山海关管关通判陈天植为作序，中云："至我世祖章皇帝（顺治）龙飞辽左，定鼎燕都，一统之基实始于石河一战。"为石河大战之于国运作出结论。后来的史家，对于陈"序"多所采用。明清史研究学者阎崇年先生所著《明亡清兴六十年》一书中亦云："山海关大战，是一场决定中国命运的决战，它改变了当时中国政治力量的格局，影响了中华历史的进程。"从中国由秦汉起成为一个统一的国家的两千多年中的战争史看，石河一战，与秦末刘（邦）项（籍）垓下之战、汉末曹（操）孙（权）赤壁之战，具有同等重要的地位，都是决定中国命运的决战。范文澜云："垓下一战，西汉立；赤壁一战，三国鼎足定。"但就知名度而言，石河却远逊于垓下与赤壁，盖垓下有《霸王别姬》一剧，而赤壁有《群英会》《借东风》二剧和苏轼《念奴娇·赤壁怀古》词等，做持久之宣传，借助文化之力而得名扬。

其实就战争之规模和残酷性而言，石河大战并不逊于上述二战。石河战场北至角山南至海，横亘十几里。投入兵力，李自成之大顺军 6 万人（号称10 万或 20 万），吴三桂军 5 万人（一说 8 万），多尔衮八旗军 10 万人，共21 万。战争从 1644 年 4 月 21 日至 23 日，时间不长，但极为残酷。《沈馆录》云："一食之顷，战场空虚，积尸相枕，弥满大野。"清康熙二年（1663 年），山海关乡贤佘一元为石河西文殊庵作《修建文殊庵记》云："我朝定鼎燕京，救民水火，入关一战，肇造鸿基。尔时石河以西三十里僵尸数万，庵之内外前后，横罹锋镝者数千万人。此地之不为兵燹残毁者，危仅一线。今日之佛境，即当年之战场也。"又作《山海石河西义冢记》云："忆昔甲申王师入关与流寇战，此地以西二三十里，凡杀数万余人，暴骨盈野，三年收之未尽也。"其死伤之众可以想见。

康熙六年（1667年），陈廷谟作《石河吊古》，诗云："二十年前战马来，石河两岸鼓如雷。至今沙上留残血，夜夜青磷照绿苔。"当时石河两岸夜晚青磷（民间叫"鬼火"）闪烁飘飞，是何等恐怖。

唐李华《吊古战场文》云："浩浩乎平沙无垠，敻不见人。河水萦带，群山纠纷。黯兮惨悴，风悲日曛。蓬断草枯，凛若霜晨。鸟飞不下，兽铤亡群。亭长告余曰：'此古战场也，常覆三军，往往鬼哭，天阴则闻'。"其状颇似石河战场。而"利镞穿骨，惊沙入面。主客相搏，山川震眩。声析江河，势崩雷电""尸填巨港之岸，血满长城之窟，无贵无贱，同为枯骨"，亦是石河大战的结果。

对于石河古战场，当年姚雪垠先生写小说《李自成》时，曾两次来此考察，以后似乎无人问津。我曾由石河入海口上溯，至传为当年李自成之指挥所之将军台，上台眺望，但见衰草暮沙，苍凉萧索，与赤壁之游客纷涌，形成天壤之别。我想，我们对于历史应该有一份责任：其一是不能泯灭它，其二是保护它，其三是将它传之后世。比如近在咫尺的石河上游的傍水崖古战场，就留有九通碑铭，供后人凭吊。湖北赤壁，在由赤壁山、南屏山和金峦山组成的战场遗址上，林木苍翠如海，亭台楼阁错落有致，长江岸边巨石上有传为周瑜书写的"赤壁"大字和诸葛亮、刘备、关羽、张飞画像刻石。当年传为诸葛亮借东风的七星台，庞统献战船连锁计时居住的凤雏庵，均有遗址说明。到此，风景令人悦目，遗址令人遐想。我想，面对石河古战场这一重要资源，我们也应该有所作为。

《觚剩》书中的"圆圆"

1980 年，著名小说家姚雪垠在《文学遗产》季刊第一期发表《论圆圆曲》一文，说歌妓陈圆圆是被皇亲田宏遇从苏州买下，带到北京。不久，田死。吴三桂闻圆圆艳名，派人到京，从田府将圆圆买去，送往宁远（今兴城）。圆圆到了兴城，心情郁悒，不久病死。关于她为刘宗敏所夺及吴三桂一怒为红颜等都是胡说。后来，有人据此说陈圆圆曾随吴三桂在山海关住过，更有人说住在山海关的王家大院。

姚文发表后，1980 年 8 月，著名作家黄裳发表《陈圆圆》一文，对姚文作了全面批驳。该文以大量史料说明吴梅村所写《圆圆曲》为诗史，符合历史真实。则所谓圆圆在山海关居住过更是无稽之谈。后来，我读到康熙初年文学家钮琇的《觚剩》一书，内有《圆圆》一文，述事较详，黄裳未提到，特录下，供研究。

> 延陵将军[1] 美丰姿，善骑射，……颇以风流自赏。一遇佳丽，辄为神留，然未有可其意者。常读《汉纪》至"仕宦当作执金吾，娶妻当得阴丽华[2]"，慨然叹曰："我亦遂此愿足矣。"虽一时寄情之语，而妄觊非分，意肇于此。
>
> ……

1　延陵将军：吴三桂。
2　阴丽华：光武帝皇后。

榆关札记

　　延陵方为上倚重，奉诏出镇山海，祖道者绵亘青门以外。嘉定伯[1]首置绮筵，饯之甲第，出女乐佐觞。圆圆亦在拥纨之列，轻鬟纤屐，绰约凌云，每至迟声，则歌珠累累，与兰馨并发。延陵停卮流盼，深属意焉。诘朝使人道情于周，有紫云见惠之请。周将拒之，甚昵者说周曰："方今四方多事，寄命干城，严关锁钥，尤称重任。天子尚隆推毂之仪，将军独端受赈之柄。他日功成奏凯，则二八之赐，降自上方，犹非所吝。君侯以田、窦之亲，坐膺绂冕，北地芳脂，南都媚黛，皆得致之下陈，何惜一女子以结其欢耶？"周然其说，乃许诺。延陵陛辞，上赐三千金，分千金为聘。限迫即行，未及娶也。嘉定伯盛具奁媵，择吉送其父襄家。

　　未几闯贼攻陷京师，宫闱歼荡，贵臣巨室，悉加系累，初索金帛，次录人产，襄亦与焉。闯拥重兵，挟襄以招其子，许以通侯之赏。家人潜至帐前约降，忽问："陈娘[2]何在？"使不能隐，以籍入告。延陵遂大怒，按剑曰："嗟乎，大丈夫不能自保其室，何以生为！"即作书与襄诀，勒军入关，缟素发丧，随天旅[3]西下，歼贼过半。贼愤襄，杀之，悬其首于竿。襄家三十八口，俱遭惨屠。盖延陵已有正室，亦遇害，而圆圆翻以籍入无恙。闯弃京出走，十八营解散，各委其辎重妇女于途。延陵追度故关至山西，昼夜不息，尚未知圆圆之存亡也，其部将已于都城搜访得之，飞骑传送。延陵方驻师绛州，将渡河，闻之大喜。遂于玉帐结五彩楼，备翟茀之服，从以香舆，列旌旄箫鼓三十里，亲往迎迓。虽雾鬓风鬟，不胜掩抑，而翠消红泫，娇态逾增。自此由秦入蜀，迄于秉钺滇云，垂旒洱海，人臣之位，于斯已极。圆圆皈依上将，匹合大藩，回忆当年牵萝幽谷，挟瑟勾阑时，岂复思有兹日！是以鹤市莲塘，采香旧侣，

艳此奇逢，咸有咳吐九天之羡。

梅村太史有《圆圆曲》……

皇朝顺治中，延陵进爵为王。五华山向有永历故宫，乃据有之。红亭碧沼，曲折依泉；杰阁丰堂，参差因岫。冠以巍阙，缭以雕墙，衺广数十里。卉木之奇，运自两粤；器玩之丽，购自八闽。而管弦锦绮以及书画之属，则必取之三吴，捆载不绝，以从圆圆之好。延陵既封王，圆圆将正妃位。辞曰："妾以章台陋质，谬污琼寝。始于一顾一恩，继以千金之聘。流离契阔，幸保残躯，获与奉匜之役，珠服玉馔，依享珠荣，分已过矣。今我王析珪胙土，威镇南天，正宜续鸾戚里，谐凤侯门，上则立体朝廷，下则垂型裨属，稽之大典，斯曰德齐。若欲蒂弱絮于绣裀，培轻尘于玉几，既蹈非耦之嫌，必贻无仪之刺。是重妾之罪也，其何敢承命？"延陵不得已，乃别娶中闱。而后妇悍妒绝伦，群姬之艳而进幸者，辄杀之。唯圆圆能顺适其意，屏谢铅华，独居别院，虽贵宠相等而不相排轧，亲若姒娣。圆圆之养姥曰陈，故幼从陈姓，本出于邢，至是府中皆称邢太太。居久之，延陵潜蓄异谋，邢窥其微，以齿暮请为女道士，霞帔星冠，日以药炉经卷自随。延陵训练之暇，每至其处，清谈竟晷而还。府中或事有疑难，遇延陵怒不可解者，邢致一二婉语，立时冰释。常曰："我晨夕焚修，为善是乐，他非所计耳。"内外益敬礼焉。

今上之癸丑岁，延陵造逆，丁巳病殁。戊午滇南平，籍其家，舞衫歌扇，稚蕙娇莺，联舻接轸，俱入禁掖。邢之名氏独不见于籍。其玄机之禅化耶？其红线之仙隐耶？其盼盼之终于燕子楼耶？已不可知。然遇乱能全，捐荣不御，皈心净域，晚节克终，使延陵遇于九原，其负愧何如矣！

鸦片战争时的山海关沿海防务

　　1839 年 6 月，清道光皇帝所派钦差大臣林则徐到广州，在虎门销烟 237 万多斤，沉重打击了英国商人的鸦片走私活动。1840 年，英国政府任命海军少将乔治·懿律为远征军海陆联军司令，于 6 月率兵舰开至广东珠江海口。由于林则徐备战严密，懿律转由福建厦门登陆，定海陷落。道光皇帝急谕令沿海将吏加强防御。时永平府及丰润县等海口，委清河道朱壬林、开州协副将向荣、山永协副将兴泰等防。

　　7 月 28 日，懿律除留部分陆军和舰只固守定海外，率 6 只兵舰北上，于 8 月 11 日驰至天津白河口拦江沙外，向清政府施压。部分舰只并游弋于永平府沿海，在山海关等地绘制地图，活动极为猖狂。9 月 4 日，懿律率舰开往丰润、永平府属海面侦察，并到东北海面游弋，作战争准备。由于道光皇帝向英让步，决定派琦善为钦差大臣赴广州调查，"申洗"英人"委曲"，懿律暂无进攻。

　　1841 年 1 月，清廷任命纳尔经额为直隶总督，纳奉朝命加紧了直隶沿海的军事防务。在临榆县的秦皇岛、石河口、山海关派驻了士兵 530 人。2 月 2 日，秦皇岛发现英舰 1 只，次日又有 4 只在海面游弋、停泊。第 3 天，又有两只英舰在较远的海上行驶。此事引起清军密切关注，山海关副都统扎拉芬泰迅速做好战斗准备，迅调喜峰口营、冷口营鸟枪兵 100 名赴关。2 月 5 日，清廷接报，命署正白旗领侍卫内大臣哈哴阿驰赴山海关协防，直隶总督讷尔经额也奉旨遣提标兵 800 人援关。同时还拨天津军库火药四千斤解关，交哈哴阿、扎拉芬泰调用。

正当直隶沿海加紧备战时，中英在广州签订了《广州条约》，向英国作了屈辱让步。但英政府并不以合约为满足，撤换了懿律，改任璞鼎查为总指挥官，于是年 9 月在闽、浙沿海发动了新的攻势，厦门失守。为确保京师安全，清廷全力加强了直隶沿海防务，9 月 16 日，在山海关设立了粮台，由通永道高树勋总理后勤工作。9 月 25 日，在山海关总兵力 1200 人基础上，朝廷又调吉林兵 1500 人入关。各炮台均增添火炮，到 1841 年底，在永平府沿海，在临榆县计有炮台 5 座，炮 221 门，官兵 3415 人。至 1842 年 8 月 29 日中英签订《南京条约》，开放五口通商，备战始得结束。

贪裤银

中日甲午战争之失败，根本原因在政府之腐败无能，就是清军中之贪腐亦令人侧目，徐珂《清稗类钞》载：

> 光绪甲午，陈湜领兵山海关。时后路粮台委员为某同知，年家子也，贪甚。采购棉衣报销一万件，其实十之四五而已。陈军书旁午[1]，无暇兼顾。一日，宋庆来，谈次，宋故作诙谐语曰："闻贵营一百人，仅得裤五十袭，其半晨即起，其半尚睡以候裤，有诸？"陈大骇，按得其事，密令人授意使去。明日，移疾归。

1894年，中日甲午战争爆发，日军占领朝鲜，继破北洋舰队，之后又进攻辽东。时，清政府调南洋水师统领陈湜驻防山海关，以抗日军进攻。陈湜军负责后勤工作的是陈湜同年登科的考友（古称"年家"或"年谊"）的儿子。这个人十分贪婪，他采购军用棉衣，报销单据是一万件，实际只买了四五千件，那时陈湜军务繁忙，无暇兼顾，使他得逞。一天，驻辽东清军统领宋庆将军到山海关，听到此贪渎之事，在与陈湜谈话时，故意开玩笑说："听说贵营100多人，仅分得裤子50件，一半人早晨穿上衣服起床了，另一半人钻在被窝里等棉裤，有这事吗？"陈湜听罢大惊，了解实情后，秘密叫人示意

1　旁午：即事情纷繁交错。

某同知快走。第二天，那人就以治病为名回家了。说明那时军队中贪腐之疾，是何等严重！

《辛丑条约》第九条

1900 年庚子事变后，1901 年 9 月 7 日，清政府总理外务部事务的和硕庆亲王奕劻、北洋大臣李鸿章，与德、意、奥、比、西、荷、日、美、法、英、俄外交代表，签订丧权辱国之辛丑条约。其第九条为：

按照西历一千九百零一年正月十六日，即中历上年十一月二十六日文内后附之条款，中国国家应允由诸国分应主办，会同酌定数处，留兵驻守，以保京师至海通道无断绝之虞。今诸国驻守之处，系黄村、廊坊、杨村、天津、军粮城、塘沽、芦台、唐山、滦州、昌黎、秦王岛、山海关。

以此，英、法、意、德、日、俄六国乃在山海关建营盘并驻军。

魏如晦评《榆关纪事》

1900年庚子事变，八国联军于8月占领山海关。事后，时临榆知县俞良臣、幕僚邹渭三、凌登岳著《榆关纪事》一书，记述事件始末，成为庚子国难的重要史籍。

1941年，《宇宙风》杂志第42、44、49期，刊有魏如晦（阿英，著名文学史家）《近代国难史籍录》，内有评邹渭三等著《榆关纪事》一文。云：

> 书为邹渭三（亦风）、凌登岳（子亭）合著，纪庚子之间榆关事。内容分为拳匪篇、联军篇、马贼篇三部分，石印三册。其最可取处，为联军内部矛盾之叙述。按联军即得北京，深恐津沽冻海，即思预占榆关，以为后路，因秦皇岛即冻，亦可行船也。而俄人更思获得，以直接与本国建立关系，故未得号令，即拔队开发。其他各国队伍得知，亦立派兵舰抢先由水路抵达。书中叙此一幕云：

> "英差馆禧在明同兵官古德，带兵由南海挂中国龙旗并免战白旗，且打旗语致炮台，问人数，复答系16人。炮台答无军械即可。……禧君果令16人乘舰登岸。……问来关何为？据称：我虽英官，奉六国统帅令前来。因闻俄人自北塘据唐山，欲占关内铁路，直达东三省。如欲联俄，各国皆不问，倘有意保全要隘，可将铁路暂交英国。大令（注：即临榆县令俞良臣）曰：俄人已抵安山，电报飞传、百般威胁，火车若来，片

刻即至。禧君曰：若明日再缓一天，各国兵必可均至，俄国虽大，复何惧载！……事为俄人所觉，电禀俄帅，俄帅怒，意令前队赶速开车赴关，车至留守营，见英旗不敢骤驶，延至三更后始到，时车站练勇与英队皆不敢睡，即禧、古二君亦彻夜逡巡不稍息。"

当时帝国主义军队在中国之内部矛盾情形，殊可以见。榆关令在此种情形之下，遂利用其弱点，获得一些较优条件。榆关得不糜烂，实为"内部矛盾所赐予"。书中述此类情形甚多，而当时所刊诸籍，曾无一部涉及此一方面，洵可贵。书亦少见。

甲午战争时的榆关史料

关于甲午战争，20 世纪 30 年代著名文学史家阿英先生辑有《甲午中日战争书录》，达 23 种之多。其中有涉及时山海关的一些史料，如：

《中东和议问答节略》失作者姓名。其在中方代表李鸿章与日方代表伊藤博文于清光绪二十一年（1895 年）二月二十五日会谈时，伊提出在双方和议未签前，日方要先占领中国的山海关、天津、大沽三地，被李严词拒绝。

《扪虱余谈》。董毓琦著。书有插图书幅，其中一幅为《榆关地营夹护炮台图》。

《东海传奇回目》。失作者姓名。大公报社长英敛之得一抄本，其目录中有："卫达三含冤赴菜市，刘坤一擎命出榆关"，"闻允和开拔山海关，约停战计攻澎湖岛"两回。

《中东大战演义》。洪兴全撰，为章回小说。其第十八回为"山海关刘岘帅练军御敌，顺天府翁司农请主迁都"。

《闻尘偶记》。文廷式撰。其书多暴露清官僚武弁丑态。如："刘坤一驻山海关，一日，伪言倭兵至，坤一惧而三徙，其怯谬如此。举国望湘军若岁，至是乃知其不足恃。"

说明：1894 年中日爆发甲午战争，奉天（沈阳）为前线，山海关为后援。于光绪十年（1884 年）即驻守山海关南海的直隶提督叶志超，奉命于 1894 年夏率部开往朝鲜，屯军牙山。7 月底日军来犯，叶率军绕道避走平壤，牙山失守，却谎报战绩，被清廷任命为平壤清军总指挥。9月中旬日军来犯，叶又弃粮械军资而逃，被革职，判斩监候。叶军赴朝后，朝廷调两江总督刘坤一为钦差大臣驻山海关，节制关内外陆军一百余营。其畏敌如鼠，辽河一战，全军溃败。叶志超之畏葸怕死，在黄小配所著《宦海升沉录》中有生动描写。这些史料，对我们了解那战役何以失败是有价值的。

埃德加·盖洛的山海关印象

　　1907—1908年，美国著名旅行家，英国皇家地理学会会员威廉·埃德加·盖洛（William Edgar Geil），由山海关出发，对长城进行了历时一年多的实地考察。于1909年在美国出版了《中国长城》一书。在书中记载了他对山海关的考察所见：

　　　　我们在长城的第一段路程中看到了什么呢？这还得从海边讲起，长城在离大海两英里处同山海关镇接壤，该镇拥有1000户人家，循道监督会和罗马天主教的传教士正在试图让他们皈依基督教。我们在这里看到了各种各样的基督教文化的印记。有一条铁路的终端就在山海关，那儿还有一家亲外国人的旅馆为旅行者提供食宿，而某些欧洲强国的军队则在这里的海滨过夏天，使这个安静祥和的地方洋溢着一种好战的气氛。……我们来到了长城的东端，下到海平面之后，又顺着七扭八歪的花岗岩石块走上来，那些石块表明巨大的砖石工程曾经在这里伸入水中。我们折返徘徊，并仔细研究了白色灯塔旁那块面对直隶湾的茕茕孑立的石碑（天开海岳碑）……山海关城市中央凌驾于全城建筑之上的钟鼓楼，这是独一无二的。

　　他可能是较早将山海关宣传向世界的人，可惜过分简略。但关城在欧洲列强占领下的气氛，他还是作了如实的描写。

守山海关的何柱国

梁得所（1905—1938），广东连县（今连州市）人。1925年在山东齐鲁大学攻读医科，次年辍学赴上海主编《良友画报》，于文字、摄影都擅长。《良友画报》于1926年2月创刊，为月刊，八开本。梁得所为伍连德、周瘦鹃后第三任主编。《画报》内容广泛，形式精良，采用图片、漫画、摄影、文字等多种形式，详尽报道中外时事、美术名作、科学知识、体育、妇女等方面的活动，成为增广见闻、丰富知识、开拓视野的刊物，广销国内外，赢得"良友遍天下"的美誉。

何柱国

1932年9月15日，上海各大报刊出同则消息："中国文化界之创举，良友摄影旅行团今日出发。"梁得所率领良友摄影团之组成人员为总编辑梁得所，摄影师欧阳璞、张沅恒、司徒荣。历时七个半月，走遍全国16个省，在华北、西北、华东、中原、湘粤、广西都留下了足迹。这年的10月11日，他们来到山海关，采访了东北军步兵独立第九旅旅长何柱国，写下了《守山海关的何柱国》一文，发表于《良友画报》，并收入梁得所的《猎影与沉思》一书中，由于有历史价值，乃将全文录下：

在庆无可庆的国庆日，我们由天津乘北宁路车向东北伪国的边境去。傍晚到秦皇岛下车，原本这站离山海关不过二十分钟的路程，可是在此过夜安稳些。事实上就是在秦皇岛下车时，已有配着刺刀的日本兵向站长查问我们的来历了，在不平等条约之下，做中国人在自己屋内也要被监视。

次日早上到山海关，车站的冯君接电话来相候，领我们穿过街道，到万里长城东端的山海关，上面几个大字写着"天下第一关"。登楼东望，只见那借清兵入关媚外亡国的吴三桂的点将台，再远便是失去了的沃膏之地，在烟雾迷漫中看不清楚了。

关山[1]摄影之后，去访警备司令第九旅旅长何柱国。怎的"十九"这数目总是日本的对头。在接见的客厅里，我们看见这位军官，是三十多岁的壮年，唇上留着黑而短的胡子。他是广西人，我们对话为便易就用粤语，谈到守关情形，我问："近来此间还算平静吧？""还好，只是前不久有过一次小冲突。那天晚上他们想偷占关前的小城，当下我们一面布阵开火，一面用电话交涉，他们知有准备，也就说是小部分行动，即令退回。一场仗打不成，反像小孩子捉迷藏似的。"他说着摇头笑了一阵。

"假如他们不退呢？"我问。

"不退就只好打！"他庄重的续加解说，"打起来就不是山海关的小问题了。这里是双方接触的前线，一有事发生，平津紧急，牵动可就大了去了；对方亦必同时影响很大的，所以大家都在戒备。比方昨晚是

1　关山：摄影记者。

双十节，彼此防得更紧，弄到两点钟才得睡觉。"

"山海关和秦皇岛都驻有日军，在这种情形下不应该叫他们退去吗？""不成呀！有辛丑条约在，除非宣战。他们是有驻军关内的权利。他们高兴时可在我们境内演习，演习起来可真可假，我们防备比真打还要麻烦。明明是敌人，却不能取敌对行为，古今历史无此例，中国实在无奇不有！"

"关外义勇军实况到底怎么样呢？"

"胜利是天天有胜利的，可是取攻不取守，使日军疲于奔命，目的在破坏他们的统治力。要国内一致有应付，义勇军才不致白牺牲。"

"对于出兵收复失地的计划，进行情形如何？""数月前高粱未割时，曾有实践之意，现在呢，大人先生们不是又闹意见吗！""请问张副司令主张如何？"他沉默一会儿："本来就为国仇家仇，张氏才与中央联合，也就因此促成沈阳事变，谁也没有不着急的；只是……"他抽了一口香烟，皱着眉头继续说，"责任实在太重了。像我这样，在这里一年多了，不战不和的僵局，实在闷不过。"

一面要顾全局面，一面不甘于屈服，这种矛盾，自然是当局者痛苦的来由。天津《大公报》有评说"做马占山容易，做何柱国难"，也是从兼顾责任立论。然而大难临头的时候，迟早没有稳健之可言。

"其实，"何氏仿佛自语地说，"除非下了同归于尽的决心，事情是无从办起的。"

在未告辞以前，何氏为我们杂志题了几个字，题的是"长城何恃"。回来有朋友看见说，他守城为什么说城不足恃，恐是"可恃"之误吧。我想，他并没有写错。秦始皇时代早已过去，中国今日所受的侵略决不是一座死城挡得住，现在我们要重新铸造一座新的、活的，众志成城！

旧的城颓废了，新的砖石还是散着不能集拢，这便是目前中国的悲哀。

郁达夫的《山海关》

郁达夫（1896—1945），中国作家、诗人，名文，浙江富阳人。早年留学日本，1921 年与郭沫若等发起组织"创造社"。回国后从事新文学创作，并先后任北京大学、武昌大学、中山大学教授。1928 年与鲁迅合编《奔流》杂志。1930 年加入左联。抗日战争期间到新加坡主编《星洲日报·文艺副刊》。1945 年 9 月 17 日被日本宪兵部秘密杀害。著有《达夫全集》七卷。1933 年 1 月，榆关事变发生后，他写下了《山海关》一文，表达了对日本侵略者的无比义愤和对国民党腐朽政府的强烈不满。这里摘其要点供大家阅读。

"炮竹一声除旧，桃符万户更新"，我们小百姓同王小二似的小心翼翼地过了年，正在祷祝着政府不要再加租税，外国人不要再打进来的一月三日，忽而在报上又见了一张照相。这照相上的相貌倒也像是一个人，一双鼠目，满含着淫猥的劣意，鼻下的一簇小胡子，似乎在证明他的血统，像是大和民族的小浪人的落胤，可惜这照相只登了半截，所以心肺究竟是狼是狗却看不出来。照相的上面第一段，也登着很大很大的日军侵入山海关，此人应该负责的一行大字，可是背后的一面大纛旗却不见了。

"春风昨夜到榆关！"卢弼的这一句话，倒成了千百年的《烧饼歌》，报纸的记载里，果然说日军进关，中国兵后退，平津戒严，"故国烟花一夜残"了。

榆关札记

　　山海关是河北临榆县之所辖，系属于中国本部十八省的地域，日本人士宽宏量大，对中国决没有领土的野心的——这是日本人的宣言——可是中国人却比日本人更是宽宏量大，对自己的领土，更没有野心。所以日本人大约也是迫不得已，只好进关来替中国人来代行管理管理。

　　昨天我们几个敢怒不敢言的穷小子，还在私议，说中国目下的现状，正和明末清初的时候一样，有南朝的天子，也有北地的吴王，还有洪承畴、钱牧斋，还有马士英、阮大铖，还有一班在议避讳，上尊号的读书人，色色俱全，样样都有，但只缺少了几个崇祯帝、史可法、瞿式耜之类的呆人。

　　现在山海关一开，这一出"明清之际"的活剧，越演越像，越演越来得起劲了。但我们这些在台下看戏的人，都因为上了年纪，有了一点智识，非但叫好不敢再叫一声，就是拍手也不敢再拍一下；战战兢兢，大家只在台下预备着一副眼泪，好于大难来时也上台去演一出"哭庙"的悲剧了。

为了便于阅读此文，对文中有关人物及事件注释如下：

卢弼：指卢汝弼，唐朝诗人。其诗《和李秀才边庭四时怨》："春风昨夜到榆关，故国烟花想已残。少妇不知归不得，朝朝应上望夫山。"

洪承畴：明崇祯时任兵部尚书，蓟辽总督，崇祯十四年（1641年）被清军俘虏投降。清顺治元年（1644年）在南京总督军务，镇压江南抗清义军。

钱牧斋：指钱谦益，号牧斋，明崇祯时任礼部侍郎，明亡后，到南京南明王朝任礼部尚书。清军南下，他率先迎降。

马士英：字瑶草，明崇祯时任凤阳总督。明亡后，在南京拥立福王，建南明王朝。清军南下，兵败降清。

阮大铖：明亡后，在南京南明王朝任兵部尚书，清军南下降清。

史可法：河南开封人，崇祯进士，兵部尚书。崇祯十七年（1644年）明

《达夫全集》

亡，清军南下，他以督师守扬州，调抚四镇，分兵固守，清人多次诱降不从，坚守孤城，城破后被俘，不屈被杀。

瞿式耜：字起田，苏州常熟人。明亡后，任南明桂王朝吏部和兵部尚书，守桂林，曾击退清军，收复湘、桂地区。1650年桂林陷落，被俘，不屈死。

哭庙：清初，江苏吴县知县任维初搜刮民财，县人怨恨。清顺治皇帝死，儒生金人瑞等于"哭临大典"之日，聚哭文庙，乘机向巡抚朱国治控告，反遭冤杀。

长城抗战时期鲁迅对蒋介石政府的抨击

从 1933 年 1 月初的榆关事变，到 3 月初的热河失陷，3—4 月的长城抗战，至 5 月底蒋介石与日寇签订丧权辱国的《塘沽协定》，鲁迅先生在上海密切关注事态的发展，对蒋的"阳作抵抗，阴作妥协"，以及弃敌于不顾而对苏区发动"围剿"的反动政策进行了愤怒的抨击。

1933 年 1 月 1 日深夜，日军向山海关发动进攻，驻山海关东北军何柱国部奋起抵抗，1 月 3 日关城失陷。时，蒋正调集军队"围剿"苏区，对日不作抵抗准备。而此时各地军阀则故作姿态，扬言要"负弩前驱，为国效命"。鲁迅于 1 月 24 日在《申报·自由谈》，发表《观斗》杂文，抨击说：

> 我们的斗士，只有对于外敌却是两样的：近的，是'不抵抗'，远的，是'负弩前驱'。……还是留着国产的兵士和现实的军火，自己斗下去罢。

面对日寇侵略，南京却一片升平，北平则忙于古物南迁，鲁迅于 1 月 31 日作杂文《崇实》，以打油诗刺之：

> 日薄榆关何处抗，烟花场上没人惊。

1 月 31 日，蒋介石一面在南昌召开军事会议，部署对苏区发动"围剿"，一面鼓吹什么"航空救国"之类，鲁迅于 2 月 5 日在《申报》发表《航空救国三愿》杂文，对蒋不抗日而围剿苏区，屠杀人民，给予愤怒而巧妙的抨击：

……我们应该在防空队成立之前，陈明两种愿望：一、路要认清；二、飞得快些。还有更要紧的一层，是我们正由'不抵抗'以至'长期抵抗'而入于'心理抵抗'的时候，实际上恐怕一时未必和外国打仗，那时战士技痒了，而又苦于英雄无用武之地，不知道会不会炸弹落到手无寸铁的人民头上的？所以，还得战战兢兢的陈明一种愿望，是——三、莫杀人民！

2月9日，南京《救国日报》发表权威人士评论，说："浸使为战略关系，须暂时放弃北平，以便引敌深入，……应严厉责成张学良，以武力制止反对运动，虽流血亦所不辞。"完全暴露了国民党政府对敌软弱退让，对人民敌视凶狠的可耻面目。鲁迅于2月13日在《申报》发表《战略关系》文章，说：

"诱敌深入北平"的战略目前就需要了。流血自然又要多流几次。其实，现在一切准备停当，行都陪都（国民党四届二中全会通过决议，定洛阳为行都，西安为陪都）色色俱全，文化古物，和大学生，也已经各自乔迁。无论是黄面孔、白面孔、新大陆、旧大陆的敌人，无论这些敌人要深入到什么地方，都请深入吧。至于怕有什么反对运动，那我们的战略家："虽流血亦所不辞！"放心，放心。

2月21日，当蒋介石对苏区发动第四次"围剿"战事正烈时，日军进攻热河，热河省主席汤玉麟仓皇逃跑，日军3月4日仅以100余人的兵力就占领了热河省会承德，3月7日，国民政府行政院决议将汤免职查办。鲁迅于3月12日作杂文《曲的解放》，以杂剧形式刺之，这里抄两段：

（生上）：连台好戏不寻常：攘外期间安内忙。只恨热汤[1]滚得快，

1　热汤：指汤玉麟。

未敲锣鼓已收场。

（唱）：

【短柱天净沙】热汤混账——逃亡！

装腔抵抗——何妨？

（旦上唱）　模仿中央榜样：

整妆西望，

商量奔向咸阳。

……

【颠倒阳春曲】人前指定可憎张[1]，

骂一声，不抵抗！

（旦背人唱）　百忙里算甚糊涂账？

只不过假装腔，

便骂骂又何妨？

3月9日开始，日军相继进犯长城喜峰口、罗文峪、古北口、冷口，并发动滦东战役。4月9日，长城要口相继失守。4月17日，滦东地区失守。其间，在前线抵抗日军的为原西北军和东北军一部，蒋嫡系部队均作壁上观。4月10日，蒋介石在南昌对国民党将领讲话，说："抗日必先剿匪，……在匪未剿清之前，绝对不能言抗日，违者即予最严厉处罚。"这期间，鲁迅发表《文学上的折扣》，抨击国民党表面故作的"什么'枕戈待旦'呀，'卧薪尝胆'呀，'尽忠报国'呀，我们也就即刻会看成白纸，恰如还未定影的照片，遇到了日光一般"；又发表《最艺术的国家》，抨击蒋政府的所谓一面交涉一面抵抗，"从这一方面看过去是抵抗，从那一面看过来其实是交涉"。感叹"中国真是个最艺术的国家，最中庸的民族"。在发表的《中国人的生

1　张：指张学良。

命圈》一文中，揭露在日本飞机轰炸下，长城沿线、冀东一带，"村落市廛，一片瓦砾"，而蒋在"围剿"红军时，"'腹地'里也是飞机抛炸弹，据上海报，说是在剿灭'共匪'，他们被炸得一塌糊涂"，"总而言之，边疆上是炸、炸、炸；腹地里也是炸、炸、炸。虽然一面是别人炸，一面是自己炸，炸手不同，而被炸则一"。

4月14日，汪精卫在上海答记者问时，说："国难如此严重，言战则有丧师失地之虞，言和则有丧权辱国之虞，言不和不战则两俱可虞。"他还说："现时置身南京政府中人，其心中焦灼，无异投身火坑一样。我们抱着共赴国难的决心，踊身跳入火坑，同时，竭诚招邀同志们一齐跳入火坑。"表现了一副既想降日又要掩饰投降面目的丑态。鲁迅于4月26日在《申报》发表《大观园的人才》杂文，讽刺曰：

> 现在的压轴戏是要似战似和，又战又和，不降不守，亦降亦守！这是多么难做的戏。没有半推半就假作娇痴的手段是做不好的。孟夫子说，"以天下与人易。"其实，能够简单地双手捧着"天下"去"与人"，倒也不为难了。问题就在于不能如此。所以要一把眼泪一把鼻涕，哭哭啼啼，而又刁声浪气的诉苦说：我不入火坑，谁入火坑。

果然，到5月3日，行政院设立"北平政务整理委员会"，以亲日派头子黄郛为委员长，开始与日本密谋。密谋期间，蒋政府命令尽撤我军防线。5月17日，《申报》发表前线特约通信《战区见闻记》，其云："记者适遇一排长，甫由前线调防于此，彼云，我军前在石门寨、海阳镇、秦皇岛、牛头关[1]、柳江等处所作阵地及掩蔽部……，化洋三四十万元，……艰难缔造，原期死守，不幸冷口失陷，一令传出，即行后退，血汗金钱所合并成立之阵地，

1　牛头关：现牛头崖。

多未重用，弃若敝屣，至堪痛心；不抵抗将军[1]下台，上峰易人，我士兵莫不额手相庆……结果心与愿背。不幸生为中国人！尤不幸生为有名无实之抗日军人！"鲁迅就此"见闻记"，于5月18日撰《"有名无实"的反驳》杂文，说：

> 这排长的天真，正好证明未经"教训"的愚劣人民，不足与言政治。第一，他以为不抵抗将军下台，"不抵抗"就一定跟着下台了。这是不懂逻辑：将军是一个人，而不抵抗是一种主义，人可以下台，主义却可以仍旧留在台上的。第二，他以为化了三四十万大洋建筑了防御工程，就一定要死守的了。这是不懂策略：防御工程原是建筑给老百姓看看的，并不是教你死守的阵地，真正的策略却是"诱敌深入"。第三，他虽然奉令后退，却敢于"痛心"。这是不懂哲学：他的心非得治一治不可！第四，他"额手称庆"，实在高兴得太快了。这是不懂命理：中国人生成是苦命的。如此痴呆的排长，难怪他连叫两个"不幸"，居然自己承认是"有名无实的军人"。其实究竟是谁"有名无实"，他是始终没有懂得的。

5月31日，何应钦、黄郛遵蒋介石指示，派北平军分会总参议熊斌，与日本关东军副参谋长冈村宁次在塘沽进行停战谈判，在日方提出的"不允许修改一字一句"的停战协议上签了字，世称《塘沽协定》。《协定》把包括热河省在内的东北四省出卖给日本；冀东和北平以东以北地区划为"非武装区"，为变冀东为第二个"满洲国"创造了条件。

今天，我们重读鲁迅抨击"长城抗战"时期蒋介石政府投降政策的杂文，深深为他坚持的民族正义所感动所震撼。他犀利的目光，深刻的分析，是投向投降派的匕首，在中华民族面临民族危机的关头，敢于维护民族尊严，敢于与反动当局作不懈斗争的，在中国当代文人中，仅此一人而已。

1　不抵抗将军：指张学良。

卞白眉日记中的"榆关事变"

卞白眉，原名寿孙，江苏仪征人，毕业于美国白朗大学。1918—1938年任中国银行天津分行经理。其1933年日记中，有关于榆关事变之记载，具参考价值，抄如下：

一月二日　岛处（中国银行秦皇岛办事处）来电谓：榆关紧张，车阻，我行已有戒备。《新天津报》载：榆关昨夜中日开火，至今上午十二时尚未停战。

一月四日　报载榆关城昨已为日军占领，我军似仍在城外及关内重要地固守。张品题、王晓岩来谈，谓：外间责商会不设法托当局维持自安。所谓维持自安者，即设法避免战争之谓。津人视身命生产高于一切，不知当此形势，苟安殊不可得。然彼等未可以至理晓喻也。同往晤周龙光（天津市市长）、宁向南（天津市府秘书），据谓绝不挑衅，但如果榆关事件扩大，亦无法制止在津冲突耳。

一月五日　九时半到商会，侯晓岩、张品题到，即往见于孝侯（于学忠，河北省主席）。于虽表示不自挑衅，但未尝不时露置之死地而后生之意。惜乎商民皆求苟安，愧此忠勇长官多多矣。扶轮会聚餐，餐后开临时董事会。余表示此次跳舞宴华会友，以时机关系，本月暂不举行。外人皆以华人此次将有牺牲决心，颇表敬意，不知吾商民举动正自相反。

羞愤之余，不觉泪溢于眶。

一月六日　得英文信一封，署名 Probino Publico 者，劝我带领绅耆请愿，划天津为中立地带，避免战争，势非请求退出天津不可，此如能办？此信作者非汉奸即日谍也，一笑置之。

一月十二日　吊榆关阵亡安营长德馨挽联：以英俊少年杀身成仁结局优于老死，居将僚末秩竭忠致命论功益足千秋。

一月二十四日　外报载张学良秘密飞京与蒋会晤。

一月二十五日　载洵（醇亲王载沣弟）来办存款转期事，与论郑孝胥之不忠。此次举动（郑受日本人指使怂恿溥仪复辟，建满洲国）不能与张勋复辟比，因托庇外人，决不易得民心也。

二月五日　季雨农来谈，颇主由本地绅耆鹿瑞伯（钟麟）出面维持治安。余谓鹿如能指导西北军实地抗日，全国或将爱戴，否则其结果亦难不与蒋（介石）张（学良）相等。

三月二日　闻赤峰、凌源均不战而退，人民爱国心甚烈，而政府军队如斯，其可痛心也。

三月二十三日　孔庸之（祥熙）过津，三弟往晤。据云彼对时局极抱悲观，平津迟早将沦为异域，蒋等宗旨将逐渐小抵抗而失地，希冀欧美出面干涉。谋国如此，实可痛心。

三月二十七日　王揖唐及屈文六（屈映光）来拜。王、刘皆主和，而目前所谓和者只有屈服，实无人能担此重任。余与胡政之均婉讽示其不当。

三月二十八日　时子周宴请陈立夫，往陪。据陈言，蒋现在有进退两难之势。

四月十九日　严慈约（智怡）及时子周来谈，意在挽英美人出面调停战事。告以此事不易进行之情形。午后与赵君达谈，渠亦以为不易办也。

四月二十日　　闻有人主张请清皇室出面调停，国府仍恢复优待条件，东三省仍归中国有宗主权，并与日本相当权利。此真一面如意算盘。又闻日方已定鲍观澄至津主持一切，李际春（曾任奉系军长、汉奸）则统军。

四月二十一日　　闻王揖唐等与日人接洽，拥段祺瑞出山与日人携手，然后由日人表面退还山海关等处。并谓溥仪亦接洽，俟此事成后仍保其安全云。

四月二十九日　　闻日人声称：如溥仪入国复位则满洲可复还中国；如中国反对溥仪复位，则须割弃满洲。实则溥仪复位等于中国全归日本管辖，换言之，即中国若必争满洲，则连中国亦不能保，日人蛮横之态度可知矣。

六月二十四日　　闻王君武谈，北宁铁路不日或可通车至唐山，至于唐山至山海一段，则奉山路有侵占之势。又关东军主张滦东由李际春管领，而津日军司令则主张石友三并同。又所占区域吗啡、白面盛行。

本想将此日记拉出几个条条来，以便读者使用，后想，此日记提供了不少信息，用者必有选择，所以作罢。

范长江的《从嘉峪关说到山海关》

范长江（1901—1970），四川内江人，中国杰出的新闻记者。1936年任《大公报》记者。1938年发起创办中国青年记者学会、国际新闻社。1941年在香港与邹韬奋创办《华商报》。1949年后，历任新华社总编、人民日报社社长、新闻总署副署长等。

1936年他任《大公报》记者期间，写有《从嘉峪关说到山海关——北戴河海滨夜话》一文，在1936年8月29日、30日于该报连载，产生过很大反响。

文章假托一位在华多年的外籍记者，夜间在北戴河海滩上与他长谈，叙说由嘉峪关到山海关一路之所见所闻，警醒地描绘了中华民族面临的深重危机：

> "长城到今天，你们中国人应该明白，已没有任何事实上防御的效力。……居延海为中心的额济纳蒙古地方，你们的邻人[1]早已在那里做分化蒙古人的工夫。如果蒙古人被他们鼓动起来，溯弱水而上，进袭酒泉嘉峪关，可以说是长驱直入，无险可守。假如酒泉嘉峪关被占，连上额济纳的本部，则绥远通新疆的道路，和甘肃通新疆的道路，皆完全阻塞……日本人从东三省横贯内蒙，隔断中苏交通的计划，到那时就会圆满的实现。"

1　邻人：指日本人。

……

"……山海关是我最近才去的。车站上执行职务的人，有日本宪兵，有'满洲国'守备队，有'冀东政府'的保安队，有中国北宁路局的警察。从外表看，最趾高气扬的，是日本宪兵，最无精打采的要算中国路警。……山海关城墙上有许多炮轰过的痕迹，朋友告诉我，那是一九三三年一月，日本攻城的记录。我也去看过所谓'天下第一关'的关门，'天下第一关'的横额寂寞无聊的在那里挂着！似乎它也别有一番滋味在心头了！"

"你们中国的长城，我大体看完了。……日本也不要长城来作'满洲国'的国界了！但是一个国家，不能不有一个国界，不能不有一个国防线，我不知道你们中国将来的长城究竟在哪里？"

这位老记者对中国长城一线危机的叙述与分析，和"你们中国将来的'长城'究竟在哪里？"的提问，具有振聋发聩的作用。民族的灾难就在每一个中国人的面前。

中国未来的长城在哪里？范长江写道："这时远远的海上，在水光月影之中，浮出了一只小艇。接着随风送来艇上一群青年的歌声：'起来！不愿做奴隶的人们！把我们的血肉，筑成我们新的长城。中华民族到了最危险的时候，每个人被迫着发出最后的吼声，……'"

以榆关和长城为背景的抗日漫画

　　1931 年，日本帝国主义策划的九一八事变，使美丽富饶的东北沦于敌手。之后，日寇开始觊觎华北，并于 1933 年 1 月发动榆关事变，华北处于危机之中。

　　日本帝国主义的侵略行径，激起了全国人民的愤怒和抗争。在漫画界，著名漫画家丰子恺先生提出"漫画是笔杆抗战的先锋"的口号，许多漫画家纷纷拿起画笔投入到抗日救国的洪流中。这其中，以榆关和长城为背景的抗日漫画，尤其为人关注，如：

　　漫画家穆一龙的《蜿蜒南下》，用一条昂首吐舌的大蛇越过长城向华北游进，来隐喻怀着侵略野心的日本帝国主义。陶谋基的漫画《孟姜女过关》，以山海关天下第一关城门为背景，门洞中日军的坦克大炮正隆隆开进，孟姜女大义凛然步出城门，令守门的汉奸、日寇畏缩不堪，揭露了日寇侵略和汉奸的罪行，显示了正义的力量。张仃的漫画《收复失土》，画中的抗日军人一手握枪，一手高举大刀，两腿横跨长城内外，背景是山海关外已陷入敌手的大好河山和战火硝烟，作品通过抗日军人高喊"收复失土"表现出无数流亡关内的东北同胞"打回老家去"的心声。黄苗子的漫画《狐假虎威》，画于榆关事变后，画上的城墙指长城，画中的虎头上有象征"太阳"的标记，指日本侵略者，其虎头已伸入华北，后面跟着的狐狸，指汉奸亲日派。左上角画一棵树，代表东北的大片森林，右下角一位面对老虎的中国老百姓显得很惊恐。此画既揭露了日寇对中国的侵略，又揭露了汉奸依仗日寇恐吓老百

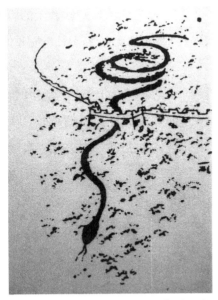

《蜿蜒南下》穆一龙

《孟姜女过关》陶谋基

《收复失土》张仃

《狐假虎威》黄苗子

姓的罪行。高龙生的漫画《国破山河在》，用大红血色涂成中国领土的版图，在东北和冀东，热河等处戳了几个破洞，象征这些地方已被置于日本魔爪之下，言简意赅地揭示出中华民族面临的危机。

1936年11月4日，"第一届全国漫画展览会"在上海南京路大新公司四楼大厅开幕，展示漫画作品600余件。当时人潮如涌，轰动一时。《蜿蜒南下》《孟姜女过关》《国破山河在》等抗日漫画尤其令人关注。漫画展原定5天，由于参观者众多，不得不延至3个星期。上海展后，画展又先后在南京、苏州、杭州展出。1937年在广西展出时，遭日本飞机空袭，全部作品原件在炮火中化为灰烬。

高宗武与关内外通邮

1932 年 3 月 1 日，由日本侵略者策划的伪满洲国成立。同年 7 月 24 日，民国政府根据《万国邮政公约》第 27 条，通告各国实行邮政封锁。同时声明：（一）一切满洲邮政暂行停办；（二）凡寄往欧美之邮件，分经苏伊士运河及太平洋运送，中国政府请各会员国之邮政局对于寄往中国之邮件，亦采取同样办法；（三）伪国政府所发行之邮票一律无效。

声明发出后，交通部下令停办东三省各邮政机关，所有员工撤退，内外邮务为之断绝。而侨居东北的外国人则被迫到伪国邮政机构办理业务，形成对伪满洲国的无形中之承认。同时，东北三省人口多数为山东、河北、河南移民，与关内关系密切，隔绝通邮也给民众造成极大的不便。如何解决这一问题，成为当时国人关注之热点。

1932 年，毕业于日本九州帝国大学的浙江乐清县青年高宗武回国，任中央政治学校教授，兼《中央日报》特约记者，在《外交评论》创刊号发表《最近日本之总观察》的评论文章，引起读者高度关注。随后他在该刊就日本问题连续发表 14 篇文章，树立起一个"日本通"的形象。为此，他于 1932 年 11 月以日本问题专家的身份，被聘为国民党国防设计委员会委员，并于 1934 年 5 月调任外交部亚洲司日本科科长。当年 11 月，他受外交部指派，与日伪就关内外通邮问题进行谈判，最终达成《通邮协定大纲》。约定在山海关及古北口各设邮件转递局一所，转递出入关邮件；进关邮件均贴用特制之邮票；

邮件、包裹、汇兑单据等，均不得盖有"满洲国"字样。这样关内外通邮问题，绕过了政治障碍而得以解决。1935年5月，以此政绩，高宗武升任亚洲司司长，年仅30岁，可谓春风得意。

在高宗武与日伪就通邮问题谈判时，日方有意抬高高宗武的地位。日本驻华大使川樾茂公开声称，他只与高宗武谈判，连外交部部长张群都放在后面，以培植中国政府中的亲日分子。1937年卢沟桥事变后，高宗武追随汪精卫，鼓吹"和平"运动，并于1938年随汪精卫出逃河内，其后又参与了筹组汪伪政权，并赴日本与日方高层进行所谓的"和平谈判"。在谈判过程中，高逐渐认识到日本之最终目的乃灭亡中国，汪精卫的所谓"和平运动"就是彻底地投降与卖国，乃于1940年1月3日，与一起参与"和平谈判"的陶希圣，在香港《大公报》发表汪日密约《日支新关系调整要纲》及其附件，给汪精卫的卖国逆流以沉重打击。高宗武在紧要关头幡然醒悟，被称为"把汪精卫引上不归路的人"，而广为世人所知。

清末的关城禁烟

1913 年出版的《海关十年报告》（1902—1911）载有"禁烟史料"。其第 155 ~ 156 页"秦王岛"一栏云：

数年前，本府（永平府）大片肥沃土地广泛种植罂粟，吸食者最喜欢位于胥各庄至唐山之间之稻地及滦州所产鸦片，丰润、遵化二县亦种植。由于禁烟严厉执行，到 1908 年已完全禁绝。

据说，1909 年本府吸食鸦片者占很大比例，现仍有 10% 的人吸食。市场上鸦片来自天津与甘肃凉州。鸦片经营者和吸食者，有山海关禁烟局发给的牌照。吸食者牌照每年更换一次，没有牌照的人不许经营吸食，否则将被罚款（为缴获鸦片价值的 40 ~ 50 倍）。山海关有一个与戒烟局有关的戒烟联合会，帮助吸食者戒除烟瘾。

但鸦片走私十分兴盛，走私者在北京—沈阳铁路线上活动，大量鸦片走私满洲。

这里，1911 年 9 月被列为禁烟区。在唐河车站抓获的一个走私者，鸦片藏在马车一个车轮和车轴里，车轮车轴都是空的。现在鸦片价值比银子高，每两 2 ~ 4 圆。根据山海关得到的消息，1911 年这里消费鸦片25000 两，秦王岛鸦片商人每月经于鸦片估计价值 2000 圆，而这数字比实际小得多。

Volume VI

第 六 卷

唐边塞诗中的榆关与辽西

　　南宋文学批评家严羽，在所著《沧浪诗话》中说："唐人好诗，多是征戍、迁谪、行旅、离别之作，往往能感动激发人意。"其征戍之作，又称边塞诗，以展示惊心动魄的军旅生活和绚丽多彩的边塞风光为主，表现了唐代人士慷慨悲歌的男儿风度和建功立业的英雄气概，成为唐诗中的一朵奇葩。

　　边塞诗的记述与描写对象，一是唐帝国持续约 200 余年的在西部、西北部边境与吐蕃、突厥的战争；二是唐玄宗开元至天宝年间，在东北部边境与契丹、奚族的战争。描写西部、西北部战事的边塞诗人以王昌龄、岑参为代表，描写东北战事的边塞诗人以高适、李颀为代表。

　　地处边境的契丹与奚族，同为鲜卑人之一支。契丹原是居住在辽宁省辽河上游，今新民市一带的少数民族；奚分布于今内蒙古西拉木伦河流域的今赤峰市一带。在唐武则天万岁通天元年（696 年）至唐玄宗开元二年（714 年），契丹多次侵犯长城内的平州（今唐山至山海关一带）和渔阳（今天津蓟州区）地区，并一度南下攻陷冀州（今河北省中南部）。唐开元年间，唐玄宗以"吞四海之志"，实行穷兵黩武的拓边政策，在对吐蕃发动进攻的同时，亦对契丹、奚发动了历时 20 余年的战争。对契丹、奚的战争战场在内蒙古东南部的赤峰，辽西东部的新民、阜新、朝阳和河北的冀东、承德地区。开元二年唐玄宗派薛讷率军六万出檀州（今北京市密云）东击契丹，战于滦河峡谷；开元二十一年（733 年），薛楚玉率骑兵万人攻契丹，战于今青龙县都山西麓；

榆关札记

开元二十四年（736 年），安禄山出榆关进讨契丹，战于辽西。

诗人高适，河北景县人，其一生多次北游燕赵，写下了《蓟门五首》《塞上听吹笛》《燕歌行》《营州歌》（营州今为辽宁朝阳）等边塞诗篇。其中《燕歌行》写得慷慨悲壮、雄浑苍凉，以边塞战争和士兵之苦歌颂爱国精神，反映社会矛盾，具有深刻的现实意义：

> 汉家烟尘在东北，汉将辞家破残贼。
>
> 男儿本自重横行，天子非常赐颜色。
>
> 摐金伐鼓下榆关，旌旆逶迤碣石间。
>
> 校尉羽书飞瀚海，单于猎火照狼山。
>
> 山川萧条极边土，胡骑凭陵杂风雨。
>
> 战士军前半死生，美人帐下犹歌舞。
>
> 大漠穷秋塞草腓，孤城落日斗兵稀。
>
> 身当恩遇恒轻敌，力尽关山未解围。
>
> 铁衣远戍辛勤久，玉箸应啼别离后。
>
> 少妇城南欲断肠，征人蓟北空回首。
>
> 边庭飘飖那可度，绝域苍茫更何有。
>
> 杀气三时作阵云，寒声一夜传刁斗。
>
> 相看白刃血纷纷，死节从来岂顾勋。
>
> 君不见沙场征战苦，至今犹忆李将军。

他在幽州节度使张守珪幕府任职时写的《别冯判官》诗，记录了辽西军帐中的一幕：

> 碣石辽西地，渔阳蓟北天。
>
> 关山唯一道，雨雪尽三边。

才子方为客，将军正渴贤。

遥知幕府下，书记日翩翩。

诗人李颀，河北赵郡（今邯郸）人，以写边塞诗著名，他的《古意》一诗，描写了幽燕男儿为报国从军有家难归的思乡之情：

男儿事长征，少小幽燕客。

赌胜马蹄下，由来轻七尺。

杀人莫敢前，须如猬毛磔。

黄云陇底白云飞，未得报恩不得归。

辽东小妇年十五，惯弹琵琶解歌舞。

今为羌笛出塞声，使我三军泪如雨。

诗人崔颢，河南开封人，其边塞诗以慷慨激昂、雄浑奔放出名。他的诗《辽西作》，描写了辽西边塞敌我双方春季备战的情形：

燕郊芳岁晚，残雪冻边城。

四月青草合，辽阳春水生。

胡人正牧马，汉将日征兵。

露重宝刀湿，沙虚金甲鸣。

寒衣著已尽，春服与谁成。

寄语洛阳使，为传边塞情。

诗人李希仲，河北赵县人。其《蓟北行二首》之《出蓟北门》描写了将士即将出征的情景：

旄头有精芒，胡骑猎秋草。

羽檄南渡河，边庭用兵早。

汉家爱征战，宿将今已老。

辛苦羽林儿，从戎榆关道。

温庭筠诗《伤温德彝》曰：

昔年戎虏犯榆关，一破龙城匹马还。

侯印不闻封李广，他人丘垄似天山。

在边塞诗兴盛同时，以描写"离别"为内容的妇怨诗亦相应产生，如唐诗人金昌绪的《春怨》：

打起黄莺儿，莫教枝上啼。

啼时惊妾梦，不得到辽西。

令狐楚的《闺人赠远》：

绮席春眠觉，纱窗晓望迷。

朦胧残梦里，犹自在辽西。

卢弼的《和李秀才边庭四时怨·其一》：

春风昨夜到榆关，故国烟花想已残。

少妇不知归来得，朝朝应上望夫山。

在这些边塞诗里，"榆关""辽西"两个地名出现频率极高。古辽西为燕置，辖今河北唐山至辽宁松辽山、长城以南、大辽河下游以西地区，而榆关正扼其中，不但是唐东征契丹的主要通道，也是双方争夺的主要战场。所以，就地理形势论，可以说，以榆关为中心的辽西地区，为唐边塞诗的一个重要发源地，与王昌龄、岑参等描写的西部战场的边塞诗一起，东西辉映，构成了那个时代最绚丽的篇章，在中国的诗史上书写了光辉的一页。

镇东楼诗咏

　　山海关东门建镇东楼，由于城楼建筑壮丽，所以古来文士多有吟咏。而以关城人明进士萧显所作为上，诗云：

　　　　城上危楼控朔庭，百蛮朝贡往来经。
　　　　八窗虚敞堪延月，重槛高寒可摘星。
　　　　风鼓怒涛惊海怪，雷击幽谷泣山灵。
　　　　几回浩啸掀髯坐，羌笛一声天外听。

　　诗起联说关城城楼高耸，控防着北方边境；少数民族朝贡的使者，经此门而往来不绝，言位置之重要。颔联说，城楼所开四面八窗，高可揽月；重槛及天，可摘星星，极言其高。颈联说，城楼南望沧海，有惊涛之险；北瞩层峦，有山谷幽深之悸，言其形胜。尾联说，登楼抒怀，不由人掀髯长啸，心旷而神怡；此时一声羌笛由远方传来，乃知身处边地。
　　另，有马文升者，写《山海关》诗，亦佳：

　　　　曾闻山海古渝关，今日经行眼界宽。
　　　　万顷洪涛观不尽，千寻绝壁画应难。
　　　　东封辽水三韩险，西固燕京百世安。
　　　　来岁新正还旆日，拟图形胜献金銮。

　　诗从南北东西四方写起，突击了山海关的形胜，给人印象深刻。

出关诗

唐《括地志》说："燕山延袤数千里，为华夷界限。"《辽史·营卫志》说："天地之间，风气异宜，人生其间，各适其便。王者因三才而节制之。长城以南，多雨多暑，其人耕稼以食，桑麻以衣，宫室以居，城郭以治。大漠之间，多寒多风，畜牧畋鱼以食，皮毛以衣，转徙随时，车马为家。此天时地利所以限南北也。"故宋文学家苏辙诗云："燕山如长蛇，千里限夷汉。……居民异风气，自古习耕战。"古来，许多政府官员、诗人多有记述山海关外的自然环境和居民风气之诗篇，而大抵以"出关"名之，如：

明人朱之蕃《出关》诗说：

驱车关塞外，旷望足生愁。远海连云黑，惊沙障日浮。分途惟柳栅，接垒即毡裘。城柝前屯近，清尊为客留。

清人徐兰《出关》诗说：

凭山俯海古边州，旆影风翻见戍楼。马后桃花马前雪，出关争得不回头。

清诗人张惠言的《风流子·出关见桃花》词说：

海风吹瘦骨，单衣冷，四月出榆关。看地尽塞垣，惊沙北走；山侵溟渤，叠障东还。人何在？柳柔摇不定，草短绿应难。一树桃花，向人独笑；颓垣短短，曲水湾湾。东风知多少？帝城三月暮，芳思都删。不为寻春较远，辜负春阑。念玉容寂寞，更无人处，经他风雨，能几多番？欲附西来驿使，寄与春看。

这几首诗主要着眼于关外气候的寒冷，春的迟到，及"柳栅""毡裘"的居民风气。而诗人吴兆骞的《出关》诗，由于他被流放到宁古塔，则表达了对故园的深深眷恋之情：

> 边楼回望削嶙峋，箪篥喧喧驿骑尘。敢望余生还故国，独怜多难累衰亲。云阴不散黄龙雪，柳色初开紫塞春。姜女石前频驻马，傍关犹是汉家人。

清人杨宾的《凄惶岭》诗，表达了离别中原的悲哀感情：

> 山海关前日色昏，风尘况复暗乾坤。不堪更上凄惶岭，双袖横流血泪痕。

徐文长与姜女庙奇联

山海关孟姜女庙对联"海水朝朝朝朝朝朝朝朝落，浮云长长长长长长长长消"，以自然景物为内容，以汉字之一字多义，构成一副趣味盎然的海滨特有的风景图，历来为人称颂。

与其构思相近，在浙江温州的江心寺，也有一副对联："云朝朝朝朝朝朝朝朝散，潮长长长长长长长长消。"据说这是最早的朝、长二字一字多音多义组成的对联。福建省福州市海边罗星塔有一个龙王庙，其庙联为："朝朝朝朝朝朝朝息，长长长长长长长消。"此联据著名收藏家、诗人张伯驹先生所著《素月楼联语》解释说："盖上朝字为名词朝暮也，下朝字为动词朝谒也；上长字为副词经常也，下长字为动词上涨也。即谓海水每晨朝谒，日日如是，海水经常上涨，恒有规律也。音读即异，意义各别，遂成妙对，而以独字出之，尤为工绝。"

人传姜女庙此联为明嘉靖年间诗人、画家徐渭作，我认为并非空穴来风。查，徐渭，字文长，浙江绍兴人，嘉靖三十三年至四十二年（1554—1563），计九年时间，入东南军务总督胡宗宪幕府，对抗倭军事多所策划，足迹遍历东南沿海，对温州江心寺联与罗星塔龙王庙联当然是熟知的。胡宗宪因牵入严嵩案被杀后，徐渭于万历年间"放浪曲蘖，恣情山水，走齐鲁燕赵之地，穷览朔漠。其所见山奔海立，沙起云行，风鸣树偃，幽谷大都，人物鱼鸟，一切可惊可愕之状，一一皆达之于诗"（明袁宏道《徐文长传》）。

他作的《姜女坟》一诗云："海天万里渺无穷，秋草春花插鬓红。自送夫君出门去，一生长立月明中。"就是"走齐鲁燕赵之地"，喜姜女坟之"可惊可愕之状"而"达之于诗"的。又《明史·文苑传》中亦说他"抵宣[1]辽[2]，纵观诸边厄塞，善李成梁诸子。入京师，主元忭。元忭导以礼法"。李成梁万历年间任辽东总兵官，深得徐渭欣赏，当到过辽东，则经过山海关姜女庙，将江心寺、罗星塔联稍加改动移于此，而成为较二地对联更上一层的绝对。

写到这里，翻阅姜荣章编，1982 年花城出版社之《古今楹联拾趣》，此编者则直认孟姜女庙联为徐渭作。并说，他在作此联后，还为四川省省长文县朝云庙作一联，云："朝云朝朝朝朝朝朝朝退，长水长长长长长长长流。"

---

1 宣：宣化。
2 辽：辽宁。

纳兰性德词《长相思》

纳兰性德（1655—1685），原名纳兰成德，字容若，号楞伽山人。性聪慧，善骑射，喜读书。徐珂《清稗类钞》说他："十七为诸生，十八举乡试，十九成进士，二十二授侍卫。天姿英绝，萧然若寒素，拥书数万卷，弹琴歌曲，评书画以自娱。书学褚河南[1]。幼善骑射，自入环卫，益便习，发无不中。……徐乾学曰：'尔仪态何酷似王逸少'[2]，乃大喜。"性德为清初卓负盛名的满族词人，词以小令见长。因常随康熙皇帝左右，巡视塞外，亦偶有描写边塞风光、西风画角、金戈铁马的词篇。

纳兰性德28岁时（1683年），扈从康熙出关到奉天府（沈阳）祭祖途中，夜宿山海关，写有小令《长相思》：

> 山一程，水一程。
> 身向榆关那畔行，
> 夜深千帐灯。
> 风一更，雪一更。
> 聒碎乡心梦不成，
> 故园无此声。

1　褚河南：褚遂良。
2　王逸少：王羲之。

这首词感情真切深挚，情景交融，意境幽深，笔法简约自然。上阕将千里行程凝缩为"山""水"二字，重叠复沓，正合于词人之心中乡思，一腔愁绪。下阕"夜深千帐灯"，壮观之极，但灯下照着的是无眠的乡心。下阕写夜间旷野中风雪呼号，令人无法入眠，这塞外风寒，故园是不会有的。此词写出了词人的孤寂伤感和厌于扈从生涯的感情。

对于纳兰性德词，民初著名学者王国维说："纳兰容若以自然之眼观物，以自然之舌言情，此由初入中原，未染汉人风气，故能真切如此。北宋以来，一人而已。"而对于这首《长相思》，他在《人间词话·容若塞上之作》中说："明月照积雪""大江流日夜""中天悬明月""长河落日圆"，此种境界，可谓千古壮观。求之于词，唯纳兰容若塞上之作，如《长相思》之"夜深千帐灯"，《如梦令》之"万帐穹庐人醉，星影摇摇欲坠"，差近之。

"明月照积雪"乃南朝谢灵运《岁暮》中诗句，"大江流日夜"乃南朝谢朓《赠西府同僚》诗句，"中天悬日月"乃唐诗圣杜甫《后出塞五首》诗句，"长河落日圆"乃唐诗人王维《使至塞上》诗句，王国维将纳兰性德之《长相思》与之并肩，而称为"千古壮观"之作，可见评价之高。

近读方东来先生编之《诗文地理》（新世界出版社，2004年）一书，他说：这篇小令"使山海关拥有了第一流的镇关之宝"，我认为有点说过了头。

释函可诗——《宿山海关》

释函可（1611—1660），广东博罗县人，原名韩宗騋，出家后法名函可，又号千山剩人。他本是岭南望族明万历朝礼部尚书韩日缵长子，但自幼性近禅机，出家为僧，因称释函可。

明崇祯十七年（1644年）四月二十五日，李自成农民军占领北京，推翻了明朝政权；六月六日，多尔衮率清军入关，攻入北京，问鼎中原。顺治二年（1645年）春，函可到南京，目睹了清军攻入南京后的野蛮烧杀和明臣慷慨就义的情景，他用史书形式记下了抗清死难诸臣的壮烈事迹和南京陷落经过，名《再变记》。清军占领南京后，控制极严，禁止军民随便出入。被困南京一年多的函可为了能出城，利用父亲曾是投降了清廷的洪承畴会试房师的关系，取得了出城印牌。不幸的是，出城时被守城哨兵搜出了《再变记》书稿而被捕。当被转发到洪承畴审讯时，用刑极为残酷，致"项铁至三绕，两足重伤"，"血淋没趾"，但他"屹立如山"，使"观者皆惊顾咋指"。后他被押送北京，因他为僧人，顺治五年（1648年）四月，清廷把他流放到沈阳慈恩寺为僧。四月正是初夏，他被押送时，夜宿山海关，写下《宿山海关》诗：

重关犹未度，破衲早生寒。
大海依然险，危峦空自攒。

乡书万里绝，鼓角五更寒。

敢望能生入，回头仔细看。

诗说，春寒料峭，还没出关，身上破旧的僧衣已难挡气候的寒冷，想起当年清军破关而入的情景，倍生凄凉之感。目睹大海险要，山峰攒立，空有气势，悲叹今已不属明朝。听到清军鼓角之声，更感悲痛。希望日后能活着回来，再仔细看一看这天下第一雄关，反映了诗人眷恋故国的感情。

释函可到沈阳后，先后在沈阳的普济、广慈、大宁、永安、慈航、接引、向阳等寺院讲经说法，听他讲经的人，像“大河渔汛时鱼一样多”，被人称为辽东佛教的“开山鼻祖”，他与东北文人多有交接酬唱，著有《千山诗集》一书留世。顺治十七年（1660 年）死于沈阳，年仅 49 岁。安葬于璎珞峰下双峰寺内。

释函可在东北民间和文化、宗教界有深广的影响，他死后，其余威仍令清朝的统治者感到不安。乾隆四十年（1775 年），乾隆借修《四库全书》之机，将《千山诗集》禁毁，将千山双峰寺的函可塔拆毁，将康熙编修的《盛京通志》中所载释函可事迹一并删除，成为乾隆朝文字狱中最卑劣的案件之一。

《煮粥行》与《剥榆歌》

顺治元年（1644年），清定都北京，各八旗兵与清廷宿卫之兵约 20 余万人从龙入关，连带满洲眷属，一齐涌向京畿地区。如何妥善安置，事关社会稳定问题。顺治元年十二月，清廷遂谕户部，因"东来诸王、勋臣、兵丁人等无处安置"，"近京各州县民人无主荒田，及明国皇帝、驸马、公、侯、伯、太监等死于寇乱者，无主田地甚多，尔都可概行清查，……分给东来诸王、勋臣、兵丁等"。由此至顺治八年（1651年），八旗将士在直隶进行了俗称"跑马占圈"的圈地行动。时，永平府各县被圈土地达 443.2 万亩。其中山海卫土地 167069 亩，于顺治二年、三年、四年被圈占一部外，另将土地拨补于滦州、丰润、昌黎县民，实剩地仅 11034 亩。那时，"圈一定，则庐舍场圃悉皆屯有"，被圈占之家立刻失去耕地牲畜，只能逃往他乡和沦为旗人庄奴。而为了在庄内奴使汉族劳动力，政府又制定了"逃人法"，凡外逃汉人将受到包括处死在内的严厉惩罚。凡土地被朝廷拨补于滦州、抚宁、昌黎的土地，仍由山海关人耕种，但滦、抚、昌民按亩收租，其租要占亩收获量的一半或六成左右。滦民所收之租，十分之三交税粮，十分之七带回养家，时称"一地养二民"。无论关民、滦民都所获无几，农民处于绝望无救境地，致"资囊俱无，甚就卖产鬻儿以代偿"。

顺治九年（1652年），在今卢龙县任永平府推官（掌司法事物）的尤侗，写有《煮粥行》一诗，记载了当年百姓的苦况：

去年散米数千人，今年煮粥才数百。

去年领米有完衣，今年啜粥见皮骨。

去年人壮今年老，去年人众今年少。

爹娘饿死葬荒郊，妻儿卖去辽阳道。

小人原有数亩田，前年尽被豪强圈。

身与庄头为客作[1]，里长尚索人丁钱[2]。

庄头水涝家亦苦，驱逐佣工出门户。

今朝有粥且充饥，那得年年靠官府。

商量欲向异方投，携男抱女充车牛。

纵然跋步经千里，恐是逃人不肯收。

顺治初年，担任清廷刑部尚书的魏象枢到榆关视察时，写有《剥榆歌》，记载了榆关百姓的苦况：

黄沙日暮榆关路，烟火尽绝泥寒户。

路旁老翁携稚儿，手持短铁剥榆树。

我问剥榆何所为？老翁倚马哽咽悲。

去岁死蝗前死寇，数十村落无孑遗。

苍苍不恤侬衰老，独留余生伴荒草。

三日两日乏再饘，不剥榆树那能饱。

榆皮疗我饥，那惜榆无衣。

我腹纵不果，宁叫我儿肥。

嗟乎此榆赡我父若子，日食其皮皮有几。

今朝有榆且剥榆，榆尽同来树下死。

1　客作：雇工。
2　人丁钱：人口税。

对于圈占后百姓苦况，康熙十年（1671年），御史奏报："观天下之民贫苦皆同，而北方为甚，北方之民贫苦皆同，而直隶八府为甚，顺（天）永（平）保（定）河（间）四府为尤甚。良以圈占之后，民多失业，饥寒愁苦，日益无聊，以致柔善者转死于沟壑，其巧黠者则卖身为庄头家人，若强梁者则起而为贼盗。"可知清廷圈地给人民造成何等的痛苦。

观海上日出诗

在榆关观海上日出，佳处一为角山，二为老龙头。清诗人陆开泰于角山顶观日出，有"万里晴空绚早霞，云含曙色现奇葩。飞来太液千重瓣，涌出红盆十丈花。光射龙宫惊电转，辉流蓬阙散珠花。只因时傍金乌力，频见朝朝映海涯"的佳句。以烂漫红花喻日出之景，境界极为绚丽。

道光年间，临榆县知事萧德宣于老龙头观日出，写《澄海楼观日出长歌》："金鸡三号天将曙，呼我起看海日升。开门忽讶昨景非，万顷龙波起红鳞。莫是琼楼瑶岛众仙女，妆罢齐将脂水倾。抑或天神踏浪斩巨蛟，血染绿波色流赪。……初若轻绡之漫天，隐约红灯八分明。继若万烛齐烧空，烈炬赤焰争飞腾。须臾彩云如中裂，若有人兮扶一轮。渐上渐圆如璧合，其下渐方如圭形。以圭承璧两相连，精光瑞气难为名。细视方者复增高，轰訇洞开双天门。门内火珠十万进，有如咸阳阿房遭项焚。门外重雾让阳光，两旁散作周遭之赤城。回望五更紫气色转淡，化为波心万道金。"以胭脂水、蛟龙血喻日轮涌出前海景，以阿房宫大火喻日轮涌出后之景，亦甚绚丽。二诗可称佳作。

古来写海上日出诗词甚少佳句，百花文艺出版社《古典诗词百科描写辞典》收罗妙词极富，然于观海上日出，也只有清李滢"三更峰顶见海日，沧溟一片浮红紫"，梁佩兰"天鸡大叫海水动，海中涌出金圆盘"等句，与陆、萧诗比，差为天壤。

周馥咏山海关

周馥（1837—1921），字玉山，安徽建德（今东至县）人。清咸丰十一年（1861年）任李鸿章文牍，为李器重。光绪七年（1881年）任津海关道。1884年中法战争爆发后，沿海防务吃紧，周被派往渤海湾沿海督察防务事宜，筹办民舶和炮台建设。其先后协助李鸿章办洋务30多年，凡筹建北洋海军、电报局、开平煤矿、津榆铁路等无不参与。1888年任直隶按察使。1894年后，先后任四川布政使、直隶布政使、山东巡抚、两江总督、两广总督。

1885年秋，他奉命前往渤海沿海督察驻防事宜。由于"旅顺口、大沽、北塘及山海关内外为要冲"，他在山海关督察时间较久，因山海关宁海城炮台的营房和弹药库暗藏于台墙之内，"非纸画所能毕肖"，周馥特命工匠做成木制模型呈朝廷观览。在山海关期间，他写有诗篇《山海关》和《出山海关》诗二首。其《山海关》诗云：

> 长城何巍巍，连山跨海涯。
>
> 百步一碉台，十里一官衙。
>
> 荒苔蔽石磴，枯树鸣寒鸦。
>
> 战魂杳何许？惊风吹黄沙。
>
> 胜朝缮边备，力此秦赵奢。
>
> 谗间时内哄，胜于外侮加。

　　南塘不终任，李氏世其家。

　　伤哉熊廷弼，孤愤遭众挝。

　　痛苦帝阍远，朋党相揄揶。

　　忠名虽不死，身死亦可嗟。

　　至今战场上，春草不萌芽。

　　诗说：长城何等巍峨雄壮，它跨山而来，于山海关直入海域，昔日的防守何等严密，而今苍苔、枯树，一片荒凉。那些智勇双全的战将们哪里去了？我面对的只是秋风凄冷，黄沙扑面。一个朝代要想长治久安，必须重视政治边备，应该如战国时赵国将军赵奢一样，靠战备而大破秦军。国家的安危，最危险的是朝廷的佞倭内讧，它比外侮侵略还要可怕。明朝万历年间，蓟镇总兵戚继光（号南塘），因遭谗言而不终任，以重病之身，被远遣广东；辽东总兵李成梁父子，战绩平平却成为将军世家。最令人痛心的是两度任职辽东经略的熊廷弼，他整肃军令，训练部队，加强防务，在任期间，后金不敢前进一步，结果却被号称九千岁的官员魏忠贤所害。明熹宗一朝，皇帝深居宫门，大权旁落，为以魏忠贤为首的朋党所侮弄。熊廷弼被害，虽忠名常存，而身死亦令人嗟叹。因为忠臣屈死，怨气深重，至今春草都不发芽。

　　其《出山海关》诗云：

　　当年关外判山河，谁向横流挽逝波。

　　朋党半从科第起，弹章繁比战书多。

　　锦衣狱急官如草，皮岛人降士倒戈。

　　却叹路旁望夫石，年年风雨泣烟萝。

　　诗说：当年山海关外的大部山河为后金（清）所有，如今沧海横流，天下一家，无人再能挽回已去的历史。据明史，以私利而相勾结的朋党，多由科举而生。所以朝廷内部钩心斗角，蓟辽一带每当战争，朝廷收到的弹劾抗敌将军的奏章比战报还多。那时，被弹劾而关入锦衣卫监狱的官员像草一样多。前线官兵毫无斗志，守卫朝鲜皮岛（今称椵岛，位西朝鲜湾）的明军，在后金攻陷后纷纷倒戈投降。回顾历史，叹息路旁的望夫石，在风雨中为烟雾笼罩，她痴痴望夫归来，何知朝廷这如烟的内幕呢！

这两首诗明写明事，内却隐喻了围绕中法战争、朝鲜乱局，朝廷内部的复杂斗争。

1894年，中日甲午战争爆发时，周馥正在督办永定河防汛事宜。奉李鸿章命，于7月底赶赴天津参议军务，被委任总理前敌营务处。9月上旬入山海关，写《出山海关》诗：

> 秋霁高天迥，扬鞭指沨西[1]。
> 云山浓似画，沙路净无泥。
> 风力出关壮，烟痕罩海低。
> 古来征战地，驻马听鸟啼。

到朝鲜后，10月初，周馥奉命筹办后路粮台事宜。由于饷械来源不畅，装备不合适用，运输难以到位，虽其艰困百折，掣肘万分，但他死生以之，基本保证了各军的饷械供应。次年（1895年）3月初，周奉旨入关总理北洋沿海营务。回到山海关后，受到山海关驻军将领聂士成等的欢迎，请求他总理沿海营务时多予指挥和照应。他在关居住三日，写有《入山海关》诗：

> 雪霁尘沙扑面飞，严寒三月未更衣。事随天末惊魂去，人似辽东化鹤归。耳底鼓鼙余梦寐，眼中烟树认亦稀。此身马革知何处，深愧诸军为指挥。

1　沨西：鸭缘江西。

诗说：天虽雪晴，而春寒料峭，尘沙扑面，棉衣仍著。去秋赴辽东心如惊魂，今日归来轻松如鹤。但睡梦中仍似听到战场上的战鼓声音，眼望春树尚未发芽生叶，一片萧条。古人称战士当置生死于度外，马革裹尸而还，我的马革在哪里？诸军将领请求我策应榆关，我怕会愧对他们的请求。

周馥在他的《玉山诗选·自序》中说："每行役所至，目有所触，辄率意题数语。"他的诗达数千首，多"写乱离之景象，陈民间之疾苦"。后人评价他的诗"有以济时难的胸怀，更有可补史志的价值"。

杨云史榆关赋诗

杨云史，名圻，江苏常熟人。清光绪壬寅（1902年）举人。曾任邮传部郎中、驻新加坡总领事。天才横溢，诗文并茂，有"江东才子"之称。1922年入吴佩孚幕府，任秘书长。

1924年9月，直奉战起，杨随直军司令彭寿莘赴山海关督师。临行，其夫人忽病殁，乃匆匆殡殓而行，因有"可怜九月十三夜，死别生离第一宵"诗句。云史至山海关，时方大雪，战事激烈，而怀悲壮心情，赋诗12首。今摘其四：

> 盘马弯弓苜蓿肥，金汤大好起戎机。
> 雪花如掌阴山白，不照金樽照铁衣。

> 逐鹿中原举国空，边军力尽更张弓。
> 黄金白骨知多少，都在营州落照中。

> 九合诸侯事惘然，三分扰得靖烽烟。
> 江流不限南风竟，门外津桥啼杜鹃。

> 层台美酒饮千钟，日落清歌欲荡胸。
> 醉里未忘关塞气，玉人扶定看卢龙。

时奉军于 10 月 7 日突进九门口，吴佩孚亲临山海关督战。10 月 22 日冯玉祥发动北京政变，直军各条战线迅速崩溃，吴率残部 2000 余人，登"海圻"号军舰浮海南下。时文学家王晋卿记述战后景象："尸骨枕藉，破车死马，遍地横陈，伤心触目，莫此为甚。"杨云史亦有句云："昨夜卢龙城上月，五更犹照废营来。"刻画大军撤退后景象。

杨云史有《江山万里楼诗集》。1946 年逝于香港九龙，享年 66 岁。

孙犁的《山海关红绫歌》

1948 年 11 月 22 日，东北野战军分两路向山海关挺进。26 日，驻榆关之国民党第六师，暂编第五十师、第六十师及河北保安第十团仓皇撤离。11 月 27 日，东北野战军挥师入关，山海关获得解放。

时任《天津市报》记者的著名作家孙犁同志来关采访，于 1949 年 1 月 1 日除夕写了《山海关红绫歌》长诗，这是对这一重大事件而今见到的唯一一篇诗作。诗人以饱满的热情，通过对关城一家奶奶与孙女祖孙二人的心理、语言、动作活动，描述了关城人民对解放军入关的殷切企盼和欢迎。

诗作第一部分描写了山海关关城人民对解放军入关的殷切企盼。晨鸡刚刚报晓，奶奶的小孙女就睡不着了。"她在灯下打开花包裹，从里面抖出五尺红绫，红绫上边绣着四个大字：'人民英雄'！"她抚摸着绣字红绫，急切地想着："他们从沈阳城里，哪天启程？黑夜间想，白天门前站，今天该不会又放空？"

中间部分写关城百姓对往昔苦难岁月的回顾："睡不着觉了，就叫醒老奶奶；千年万年的老话，讲给孙女儿听。老家原在关城里住，不能生活才走关东。老爷爷在窑上，脱坯累死；老奶奶拖儿带女，受尽苦难！流落到山海关，不能再走；开个小铺，搭间席棚。五十年的岁月尽是泪，经过多少变乱，担过多少惊？"那时，"早晨的太阳，夜晚的月，不是风声，就是枪声"。

第三部分写关城人民喜迎亲人解放军的激动情景。这时，浩浩荡荡的解放军入关了。"小姑娘，巧梳妆，一面小镜，放在窗台上。她把红绫往自己身上挂，面对着镜子，细端详。面对着镜子，她抿嘴笑，披红挂彩的人儿该来到了！""青年的队伍在街上过，排头到了关口上；一样的衣裳，一样的炮，一样的年轻，一样的光芒！""小姑娘，红红脸，红绫飞上了战士的肩，当街的群众喝声彩，红花开遍山海关！"

此诗发表于 1949 年 2 月 2 日的《天津市报》。1951 年 4 月由天津知识书店出版了孙犁的《山海关红绫歌》诗集，此诗为其中一首。1964 年 4 月，天津百花文艺出版社出版孙犁的《白洋淀之曲》诗集，收叙事诗 7 篇，《山海关红绫歌》为其一。此诗后收入《孙犁文集》第 5 卷。

《山海关红绫歌》诗集

徐志摩游栖贤寺

徐志摩（1896—1931），诗人，浙江海宁人。留学欧美，1922 年回国后，历任北京大学、清华大学、中央大学教授，并参与主编《诗刊》《新月》等文学期刊。其诗风纤浓委婉，对中国新诗的发展产生过重要影响，是中国 20 世纪最著名的诗人、文学家之一。

1923 年 8 月，徐志摩到北戴河游览，18 日正是阴历七月七日乞巧节，那一天，他与朋友们一起来到山海关旅游，并爬上了角山，到了栖贤寺。后来，他在《我的祖母的死》一文中，记述了这一次游览经过：

> 旧历的乞巧节那天，我们一大群快活的游踪，驴子灰的黄的白的，轿子四个脚夫抬的，正在山海关外，迂回的、曲折的绕登角山的栖贤寺。面对着残圮的长城，巨虫似的爬山越岭，隐入烟霭的迷茫。

那晚，他们回到北戴河已经半夜了，原计划第二天早起登联峰山看日出，但接到祖母病危的电报，一宿无眠，次日乘早晨 6 点的火车匆匆离去。后来他写了散文《北戴河海滨的幻想》，为北戴河留下了宝贵的文学遗产。

燕塞湖之美

　　燕塞湖之美乃山与水的交融。水，弯弯曲曲，清如童心；山，层层叠叠，如秋叶绚丽。

　　1981年，不知几月几日了，在《人民日报》副刊上，我读到作家徐柏容的《燕塞湖的山和水》一文，写道：

　　　　随着小小的游览汽艇，我在湖水上飘浮着。一路之上，都是"映岩沉水底，微浪起云边。回岸高花发，春塘细草悬。"夹岸山岚的青气，水面迷茫的清冽，汇集成为微微的凉风，暑热的戾气于此也化为祥和的了。那奇崛突兀的石山，从两边争相扑入眼帘来，忽而，欲夹挤小艇；忽而，豁然开朗远山霁。

　　后来，我读到上海著名诗人，翻译家屠岸先生的《燕塞湖》一诗，这里录取两段：

　　　　三十里碧波斜卧在二郎山口，
　　　　凶悍的洪水已化作驯顺的涟漪。
　　　　石河水库呵，盛一湖醇醪美酒，
　　　　斟满在山岭间熏醉了天地。

榆关札记

轻舟慢移在绿水上，异壑奇峰，
迎面来，侧身去，幻击千万幅动画。
一片片青峦摇曳来，光雾蒙眬；
林木阴翳，罩一层浮动的薄纱。

峻青的《雄关赋》

榆关为万里长城东部起点，南入沧溟，北上高山，如巨龙蜿蜒，雄伟壮丽。天下第一关雄踞于此，与西部之嘉峪关遥遥相对，是中华大地上两座最具标志性的建筑，而具无穷魅力。

1980年，上海作家协会副主席、著名作家峻青游此，于次年3月在上海写出散文《雄关赋》，对天下第一关、万里长城作了激情描述和热情歌颂，此文成为他一生著作中的名篇，并成为迄今为止描写山海关的最具有影响力的散文之一。他写天下第一关的雄伟和关城形势的险要，道：

> 好一座威武的雄关！果然名不虚传：
>
> 那气势的雄伟，那地形的险要，在我所看到的重关要塞中，是没有能与它伦比的了。
>
> 先说那城楼吧：它是那么雄伟，那么坚固，高高的箭楼，巍然耸立于蓝天白云之间，那"天下第一关"的巨大匾额，高悬于箭楼之上，特别引人瞩目，从老远的地方，就看得清清楚楚。……但是，最壮观的还是它形势的险要。不信，你顺着那城门左侧的阶台往上走吧，你走到城墙之上，箭楼底下，手扶着雉墙的垛口，昂首远眺，你会情不自禁地发出一声又惊又喜的赞叹："嗬，好雄伟的关塞，好险要的去处！"
>
> 你往北看吧，北面，是重重叠叠的燕山山脉，万里长城像一条活蹦

乱跳的长龙，顺着那连绵不断起伏不已的山势，由西北面蜿蜒南来，向着南面伸展开去。南面，则是苍茫无垠的渤海。这万里长城，从燕山支脉的角山上直冲下来，一头扎进了渤海岸边，这个所在，就是那有名的老龙头，也就是那万里长城的尖端。这山海关，就耸立在这万里长城的脖颈之上，高踞沧海的山水之间，进出锦西走廊的咽喉之地，这形势的险要，正如古人所说："两京锁钥无双地，万里长城第一关。"

……

这固若金汤的雄关！这"一夫当关，万夫莫开"的雄关！

在我们那古老的中华民族的伟大历史上，在那些干戈扰攘，征战频仍的岁月里，这雄关，巍然屹立于华夏的大地之上，山海之间，咽喉要地，一次又一次地抵御着异族的入侵，捍卫着神圣的祖国疆土。这高耸云天的坚固的城墙上的一块块砖石，哪一处没洒上我们英雄祖先的殷红热血？这雄关外面的乱石纵横野草丛生的一片片土地上，哪一处没埋葬过入侵者的累累白骨？啊，雄关，它就是我们伟大民族的英雄历史的见证人，它本身就是一个热血沸腾顶天立地的英雄好汉！

我每读此文，就会热血沸腾。这些文字，赋予我们一只巨眼，可以观察到关城的雄伟与壮丽；这些文字，赋予我们以澎湃的激情，可以深刻发现关城的特别历史价值。

山海关，历史的沉思者

1987年夏，湖南省文学研究所所长张啸虎先生来山海关游览后，写了《山海关，历史的沉思者》一文。发表于《清明》1987年第5期。文中说：

  ……我明确的意识到，山海关的形象，具有"思想者"的品格。或者说，如果把这座古老的雄关拟人化，那就具有双重人格，或多元组和的人格，既是"黄沙百战穿金甲"的民族英雄，又是"念天地之悠悠，独怆然而涕下"的历史沉思者。……我心目中的山海关，就是英雄和思想者的多重品格的总和，是充满生气与矛盾的历史巨人。

  历尽沧桑的山海关，不只是用泥石砖瓦所建成的一座雄关，而且是生命的象征；不但有历史的生命，不但有艺术的生命，而且是无数生命的结晶体。我站在关上，南眺滔滔渤海，烟波浩渺，北望巍巍燕山，峰峦起伏，长城像一条奋飞的巨龙，蜿蜒于群山万谷中，山海关雄踞于山与海之间，宛如中流砥柱。山、海、关，融会贯通，形成一个生气勃勃的整体。在如火骄阳照耀下，这座古关经受历史风雨和烽烟战火考验的泥石砖瓦，迸射出光，散发着热，似乎重焕青春的活力，这是宇宙无限的生命啊！

  站在山海关上，望长城自北而东奔腾而来，更令人突出地感到其无穷无尽的生命力，既充溢着民族英雄的光荣感，也渗透着历史沉思者的严峻感。

榆关札记

　　这是一篇从历史的、哲学的视角评述山海关的少有的文章,可以启人心智,启人对关城作历史的思考。

吴烨南咏榆关

在秦皇岛文人中，歌颂这片美丽的土地，留下诗篇最多的是吴烨南。他是河北保定人，就职于秦皇岛市广播电视大学，为享受国务院政府特殊津贴的专家，曾任市人大常委。其为中华诗词学会会员，于诗词写作造诣甚深，撰有《山海吟》《碣石吟》《林谷吟》等多部诗集，一生以讴歌秦皇岛为己任。于 2015 年病逝，享年 90 岁。为怀念这位可敬的先辈，将他吟咏榆关之作，选要者转录于此。

一、《天下第一关长联》

越秦垣汉堞，登百尺岑楼，览长城万里，嗟险护辽西，雄临渤海，巍障京师，峥腾燕塞。通胜境，寻古洞阳玄，寒礁雁阵；依画槛，听大泽龙吟，平湖鸟语。赫矣！工自始皇，业成洪武，尤首冠崇关，名扬天下。

逢舜时尧年，现四时美景，添秀色千般，醉嫣生芳野。翠漫碧塘，丹披峡谷，素裹青峦。向沧溟，接远洋潮信，佳客云帆；启扃门，度晴川柳绿，丽日风和。伟哉！势连嘉峪，气贯神州，且影随明月，魂系中华。

二、《沁园春·巍巍雄关》

万里长城，百尺雄关，一耸碧穹。看南濒渤海，北依燕塞；东通辽锦，西障蓬莱。古洞悬阳，姜坟落雁，勃勃生机共向荣。扶桑近，更霞披鸥吻，晓破烟重。　　窗开八面雄风,况佳色宜时自不同。恰夏消酷暑,秋收香稻;冬停远舶,春放桃红。雨歇天开,滩平潮涌,龙首峰台遍客踪。连嘉峪,正中华魂系,明月情浓。

三、《念奴娇·山海关》

依山濒海,矗雄关百尺,行云高遏。多少神工多少血?凝就民族魂魄。铁骑凭陵,凄迷风雨,历代城萧索。当年燕子,再来休见金革。　　雕栋飞彩流丹,秦时明月,犹桂岑楼侧。万里苍龙昂巨首,奋起横空鹏翻。姜女扬眉,杞梁敛恨,喜迓瀛寰客。澄湖晴寒,尽收天下春色。

四、《巫山一片云·为九门口山寺题联》

铁马金戈去,关山一片春。峰台紫塞祥云,战场绝烟尘。
古道翻三叠,新联出九门。梵音素月启诗心,空谷缦回音。

五、《老龙头》

蛰龙一醒更奇雄,尾动河西首振东。
喜复岑楼高百尺,赢来澄浪碧千重。
潮生潮落沧桑事,云涨云消造化功。
日照关山风景异,天开海岳浴晴空。

六、《三道关》

长城陡起白云低,三道关前野草迷。
两挂崇垣封险谷,一夫寒剑断荒蹊。
悲笳昔纵征人泪,羽檄曾催战马蹄。
千古风烟传塞外,而今柳色走河西。

七、题联

1. 牧营楼联

更深重现秦楼月，春晓新生渤海潮。

2. 临闾楼联

醇醴飘香，歌酣市井；

闾阎扑地，春满人家。

3. 澄海楼联

傲立龙头，壮临沧海，纵览澄波万里；

重修杰阁，欣值盛时，勿忘国耻百年。

4. 角山寺联

长城倒挂三千尺，古寺深藏六百年。

5. 一片石关联

古塞息峰，秋红一片；

深山霁月，春绿九门。

6. 姜女石联

碧海浮云，寒礁雁阵；

暮潮凉月，紫塞松风。

迟到的桂冠——海子之死

2001 年 4 月 28 日，中国著名青年诗人海子与食指，共同获得全国第三届人民文学奖——诗歌奖。

我听到这个消息，心中充满了感慨与辛酸。因为对于海子来说，这是一顶迟到的桂冠，一个他已无法感知的荣誉，他辞世已经整整 12 年了。

海子，原名查海生，1964 年生于安徽省怀宁县高河镇查湾村，从小在农村长大。1979 年，15 岁的海子考入北京大学法律系。1983 年毕业后，分配到中国政法大学校刊编辑部。1984 年调入中国政法大学哲学教研室工作。海子是个天生的诗人，他的思绪一直在诗国里遨游，从 1983 年到 1989 年他去世，写下了 200 余首抒情诗和 7 部长诗，产生了巨大的影响。

正当他的诗作登上峰巅时，他却于 1989 年 3 月 26 日下午，在山海关通往龙家营的火车慢车道上卧轨自杀。一个年仅 25 岁的诗坛新星如流星般地陨灭了。

海子的死，在那多事的 80 年代末，曾引起很大的反响。他的诗被模仿，他的自杀被谈论，学生们在广场上集体朗诵他的诗，诗歌爱好者到他的家乡去祭奠，去龙家营寻找他的自杀地。有人倡议成立中国“诗人节”，时间便定在他自杀的 3 月 26 日；有人出于崇拜，从海子家中拿走了他的遗物，他读过的书，以及医生对海子自杀的诊断书。

1997 年，上海三联书店出版了《海子诗全编》。第一版 6000 册被抢购一空。

《海子诗全编》封面

海子在寂寞孤独中度过了短暂的一生，他自己说过："孤独是一只鱼筐，是鱼筐中的泉水，放在泉水中。"说明了他的封闭的生活。而在他死后，却为众人如此珍视、敬仰，甚至崇拜，并获得中国文坛的最高奖赏与肯定，这在中国当代文学史上恐怕是一件绝无仅有的事情。

1989 年 1 月 13 日，海子在自杀前写下诗作《面朝大海，春暖花开》，这首诗似乎是他选择山海关这个海滨之地殒身的一个谜底，而予人诗意的悲哀。

滦河失事·金瓶梅·一捧雪

　　苏州太仓人王忬，字民应，嘉靖二十年（1541年）进士，先后任御史、湖广盐政、右佥都御史、浙江提督等职。嘉靖三十一年（1552年），升任兵部右侍郎、蓟辽总督，负蓟辽一带的军事防务。王忬是个文人，酷爱收藏文物，相传他家藏有一件传世珍品，即大名鼎鼎的宋朝画家张择端的《清明上河图》。此藏不幸被当时权横朝野的嘉靖朝首辅严嵩之子严世蕃探知，多次向王索要。王惧其淫威不敢不给，又不忍舍此珍宝，无奈之下，乃觅名手制一摹本献于世蕃。当王献画时，严手下人汤勤，因善装裱字画，人称"汤裱褙"在场，他看完画后对世蕃说：《清明上河图》我在王忬府上曾经见过，他献的这幅是假的，你看麻雀那么小的脚却踩着两个瓦角，定假无疑。原来这汤勤是个落拓书生，当年在杭州游荡，衣食无着，王忬任浙江提督时收在门下，在王府居住多年，受到重用，因他会装裱字画，为严世蕃要去，进入严府。严世蕃听汤勤说罢，深恨王忬，决心伺机报复。

　　嘉靖三十八年（1559年）二月，居于漠北的蒙古族头目俺答之子把都儿、辛爱，率10万骑兵，胁持朵颜卫首领影克为向导，由长城之潘家口南下，乘滦河春季水浅渡河，攻下蓟镇总兵府所在之三屯营。而后，西犯遵化、玉田、蓟州（今天津市蓟州区），东掠迁安，南侵丰润，大掠五日而去，史称"滦河失事"。辛爱此次进犯，取"声东击西"之计，先是将蒙古骑兵驻扎于会州（址在今平泉县城西南）所属之平泉、青龙一带，作南下犯抚宁义院口、迁安冷口之势，引明军调兵防守二处，而后乘虚西进由潘家口入塞。时任蓟镇总兵的欧阳安，被称为"草包"，闻敌来，不敢抵抗，弃营而去，使敌如入无人之境。

"滦河失事"事件发生后，严嵩父子借机通过亲信王渐、方辂，弹劾王忬调度失策者三，可罪者四，论死系狱。王忬之子王世贞、王世懋，为救父，每日匍伏嵩门，涕泣求贷，又着囚服跪于道旁拦遮权贵，但朝中政要畏嵩权势，无人敢出面营救，致忬被斩西市。《明史·奸臣传·严嵩》云："戕害人以成其私，……王忬之死，嵩皆有力焉。"后之学者姚平仲，在《纲鉴挈要》中记有："忬有古画，严嵩索之，忬不与，易于摹本。有识画者，为辩其赝。嵩怒，诬以失误军机杀之。"

忬子王世贞，字元美，号凤洲，嘉靖二十六年（1547年）进士，官至南京刑部尚书，为著名文学家和历史学家，与李攀龙同为"后七子"首领。为其父之死，深恨严氏，曾作长诗《哀江流钤山冈》《太保歌》等，揭露严氏罪恶。王忬被害20余年后，中国第一部人情小说《金瓶梅词话》问世，作者署名兰陵笑笑生。因王世贞为太仓人，而"太仓"有"古兰陵"之称，而文人沈德符在《野获编》一书中说："闻此为嘉靖间大名士手笔"，则认为"兰陵笑笑生"即王世贞。清顾公燮在《消夏闲记摘抄》中说："忬子凤洲痛父冤死，图报无由，遂撰《金瓶梅》以献。凤洲重贿修脚工，于世蕃专心阅书时微伤其脚，阴擦烂药，后渐溃腐，不能入直，严嵩亦年衰迟顿，父子遂渐失宠以至于败。"又《寒花庵随笔》一书云："此书为一孝子所作，用以复其父仇者。盖孝子所识一巨公，实杀孝子父者，图报累累皆不济。后忽侦知巨公观书时，必以指染沫翻其书叶。孝子三年撰成此书，粘毒药于纸角。巨公观迄此书，毒发遂死。"又云："孝子即凤洲也。巨公为唐荆川，凤洲之父死于严氏，实荆川潛之也。"清王昙在《金瓶梅考证》中说："东楼[1]喜观小说，元美撰此，以毒药敷纸，冀使传染入口而毙。东楼烛其计，家人洗去其药，而后翻阅，此书遂以外传。"清学者梁章钜在《浪迹丛谈》中认为《金瓶梅》为王世贞所撰。《金瓶梅》一书，为何人所撰，400多年来众说纷纭，有李开先、贾三近、屠隆、欣欣子撰等说，而以王世贞说为多，迄今难定论。上海辞书出版社之《辞海》认为此书"出自嘉靖时大名士之手"，而无定作者为谁。

对王忬因《清明上河图》被严嵩所害一事，明嘉靖到万历年间传播京城内外，妇孺皆知。明末戏曲作家江苏人李玉，将其写成剧本《一捧雪》。剧情如下：

明嘉靖时，太仆卿莫怀古（即王忬，莫怀古，意为诫人不要收藏古董，以惹祸），将裱褙汤勤荐于严世蕃。时，山海关地方官向严世蕃进赠一玉杯，世蕃甚是喜爱，经常把玩。一日，汤勤说，此杯并非好宝，莫怀古收藏的玉杯"一捧雪"比它要胜百倍。又自告奋勇，代严向莫"借杯"，实是讨要。莫舍不得，便另仿造一只送给了世蕃。世蕃被瞒过了，莫怀古却在醉后向汤勤泄露，还讥笑汤"失眼力"。汤即向世蕃告密，世蕃大怒，与父严嵩商议，加之罪名，命校尉拿获莫怀古，并令蓟州总镇戚继光监斩。戚为救莫怀古，乃由莫家仆人莫成代主受戮，莫怀古逃脱。

汤勤早就垂涎于莫怀古妾雪艳，为置莫怀古死地，好占有雪艳，唆使世蕃一定要戚继光"斩头解京"，等人头解到后，汤勤又告密说："莫怀古头上有梅花额，后有三台骨，这头是假的。"严嵩命锦衣卫陆炳审问人头。陆炳得知汤勤想要雪艳内情，乃假意以媒人自居，答应将雪艳配与汤勤。汤勤便改口说人头是真的，从而救了莫怀古和戚继光。洞房之夜，雪艳怀藏匕首，刺杀了这个贼人。

---

1 东楼：严世蕃号。

　　根据李玉《一捧雪》传奇改编的京剧，共分三折，即《一捧雪》《审头刺汤》《雪杯圆》，为著名京剧表演家马连良、梅兰芳、程砚秋、肖长华的代表作。

　　又据光绪《永平府志·志余》载，在迁西县三屯营（明蓟镇总兵府所在）西门外，有雪艳墓，并有碑铭，同治七年（1868年）曾重修。后人认为乃由《一捧雪》剧附会而成。

康熙辽东之行

　　清康熙二十一年（1682年），年28岁的康熙皇帝，决定东巡盛京（沈阳）。这次东巡，事先做了充分准备，为了使皇帝骑马，后妃们乘轿能够通行，从北京到盛京，凡是要经过的地方，全都开筑了崭新的道路，路宽在一丈左右，长达一千多里，道路修筑得笔直平坦。修路投到两旁的土石，都堆放成规整的土墙，立上标柱，以显示里程。道路派人保护着，如同打谷场一样光滑。为了维护道路，在皇帝东巡前，不准任何人经过。道路两侧接连不断地挂着绣龙的挂帐。

　　这年的阴历三月二十三日，康熙开始东巡。皇帝骑马走在前面，后是随驾的太子胤礽，那年刚8岁。再后是三位皇妃，乘坐着镀金的轿子。再后是王爷、朝廷贵戚、各等官员，这些人又为众多随员和侍从簇拥着，一行总计有7万余人。最后边还有无数被驱赶着的，准备屠宰的牛群、羊群、猪群、鸡鸭群，行进在道路两旁。由于行进中，皇帝、皇妃、王爷、官员都要保持一定的距离，所以这支队伍长达20余里，浩浩荡荡，一眼望不到边。队伍在行进中，由于人、车、马掺杂着不间断地践踏，闹得道路上尘土飞扬，如行进在无际的云雾中，再加春风劲吹，在15步到20步的地方，什么也分辨不出。

　　行进中，根据里程，确定每天傍晚时要到达一条河的河岸处宿营。事先派人在河岸上建好大量的小屋和帐篷。日暮，值班官员为皇帝、太子、皇妃准备好房间，其次为诸王，百官选好野营场地，随从的军队则按八旗安置。

每天早晨，队伍出发前，这些小屋、帐篷都要拆卸装车，运往下一个宿营地。对于宿营，康熙皇帝的一等侍卫纳兰性德写了一首诗《长相思》，讲宿营山海关的情景，有"山一程，水一程，身向榆关那畔行，夜深千帐灯"的词句，过去读此词，认为"千帐灯"是夸饰之句，如今看来应是写实。

在这次出巡中，康熙皇帝特意将任钦天监（观察天象，推算历法的机构）副监的比利时人南怀仁带在身边，让他用科学仪器观察地理纬度、山的高度和天气现象，并回答关于天文、气象等的询问。这次东巡回京后，南怀仁写了一篇《鞑靼旅行记》，他记述了山海关的印象："抵达了称作山海关的城堡，它南临海，北接山麓，这是中国著名的长城，是辽东和直隶的分界。长城起自南面的海岸，到北面高峰之麓有五英里。从那里，长城沿山的坡度而上，一直连亘向西北远方的高峰上。"康熙皇帝在山海关观海时，发现大海的潮汐现象，询问南怀仁，地中海是否也有这种现象，以后一直记忆在心，经过观察得到答案，而载入他著的《几暇格物编》中。他还视察了天下第一关，留下了《山海关》诗篇："重关称第一，扼险倚雄边。地势长城接，天空沧海连。戍歌终岁苦，插羽不时传。作镇隆三辅，征输困百年。箭寒笼塞月，甲冷雉楼烟。历数归皇极，纲维秉化权。漫劳严锁钥，空自结山川。在德诚非易，临风更慨然。"

康熙格潮汐

格，这个字有一个含义是"推究"，如中国古代四书之一的《大学》，就说"致知在格物"。宋朝大学问家朱熹解释说"格物"为"穷至事物之理"，这个"穷至"就是推究的意思。

清康熙皇帝是一个爱学习，并且十分重视自然科学的人。他对数学、天文学、历法学、物理学、地理学、测绘学、生物学、医学、药物学、音韵学都有研究。他好问，在他写的《庭训格言》一书中说："朕生性好问，虽极粗鄙之夫，彼亦有中理之言，朕于此等决不遗弃，必搜其源而切记之。"

康熙的文集《几暇格物编》中，共收93篇文章，其中一篇是讲"潮汐"的。他说，有一年在山海关老龙头观海，上午潮退，海水退下很远，沿岸的礁石都露出来了。随行的地方官说，海水在早潮时会退下去，晚潮时会升上来。康熙问什么原因，大家答不上来。后来，他到江南巡视，看到钱塘江的潮涨潮落，就向当地人询问，并向随行的西洋传教士白晋、张诚等询问地中海是否有潮汐情况，得到同样有潮汐的回答，并说海水位的变化是受月亮等地球外天体的引潮力影响而致的。为了探究这个问题，他回京后派人观察泉水和井水水位每日的变化，并命人作出详细记录，最后得出潮汐乃"属月之盈昃，其理甚明"的结论。作为一个皇帝，这种热心探究事物物像发生原理的精神是很了不起的。

张作霖劫械

1916 年 6 月袁世凯病死，段祺瑞任国务总理。当时，国内军阀互相倾轧，南方实力派的陆荣廷、唐继尧公开否定段祺瑞政府的合法性。孙中山领导的广州军政府决定北伐。段祺瑞为对付国内反对势力，以求实现武力统一，在 1917 年 8 月 14 日发布对德、奥宣战布告后，以对德宣战需编练参战军名义，与日本订立军械借款，总数 5 亿日元，用于购买日本军火。

此事为奉系军阀张作霖所知，当第一批军火运至秦皇岛时，张擅自强提了步枪 3 万只。段闻知大怒，急令张归还，张复电说："此次奉天请领军械，系遵元首讨伐明令，整饬军队，为政府之后盾。所练军队，无论对内对外，均属拥护中央，一旦编练成军，悉听政府驱策，运京留奉，宗旨无殊。"时，段正欲声讨冯玉祥，罢免长江三督，张言为削平内乱，使段有苦难言。

张得军火，即于原有二十七、二十八、二十九师外，增编了三十师，同时派兵入关，驻廊坊，在军粮城设奉军司令部，而伸足中原。

雷正绾千金一烟泡

清末，王公大臣多吸食鸡片，烟瘾大者每隔一二小时不吸，则精神萎靡，不能支持。

光绪中叶，俄人于东北边境骚扰启衅，清廷乃召固原提督雷正绾到山海关驻防，以加防范。雷到关后，适逢慈禧太后寿辰，奉召入宫听戏。其烟瘾极大，闻命深以为忧，乃托人与宫内太监商通，听戏时每小时送茶一次，捎带烟泡一枚，每日六次，每次犒赏千金。计雷听戏三日，烟泡费共花一万八千金之巨。

中国名关楹联

楹联的特点，一是悬挂于要眼之处，供人观览品评；二是有极强的概括力和丰富的内涵。它是一种文化，是一个雄关、一个城市的形象，是一个品牌。品位极高的楹联，由于其脍炙人口，会深深地刻印于观览者的心中，而成为不胫而走的口碑，传播于广阔而遥远的地域。

中国名关极多，楹联内涵亦异，或咏其形胜，或咏其由来，或咏其历史掌故，或咏其风物。今将我搜集的九个关城之楹联抄录于下，并略加注释，读者可相较而领略其趣。

一、山海关

山海关处于冀辽之间的咽喉要地，清代又处首都北京与清朝发祥之盛京之间，地理位置极为重要。故在明朝，有"国防要隘呼天堑，寰宇称雄是此关"联，清朝有"两京锁钥无双地，万里长城第一关"联。

二、居庸关

居庸关亦称"军都关""蓟门关"，位于北京昌平区军都山关沟中段，形势险要，为古代北京进出塞外的咽喉要道。有"雄峻莫夸三峡险，崎岖疑是五丁开"楹联。说：关似长江三峡之险，疑为传说中蜀国五个力士所开。

三、雁门关

雁门关位于山西省代县之勾注山上。因两峰夹峙，其形如门，飞雁出其间，故名。有"三边冲要无双地，九塞尊崇第一关"楹联，谓此关居宣府、大同、榆林三边冲要之地，在九大军事要塞（《吕氏春秋·有始览》云："何为九塞？大汾、冥阨、荆阮、方城、殽、井陉、令疵、句注、居庸。"）中可称第一。又有"曙色清明，残星几点雁横塞；晨曦初朗，斜月孤伶门上关"，写其关塞之苍凉风光。

四、娘子关

娘子关位居山西平定县东北之河北、山西二省交界处。为古代太原之东方屏蔽，又为太行八陉中，西出之冲要。它地居险要、重峦叠嶂、两山夹峙，可东瞰燕冀、西窥三晋，历史上为戍守要地。有"楼头古戍楼边寨，城外青山城下河"和"雄关百二谁为最，要路三千此并名"两副楹联。道尽其地理形势和重要位置，言其关险固，在国家重要通道中，列有其名。

五、嘉峪关

嘉峪关位于甘肃省嘉峪关市西，南屏祁连山脉的文殊山，西北依马鬃山的嘉峪山，两山夹峙，形成谷地。北大河横贯其间，扼河西走廊西端之咽喉。有"山河襟带限西东，南挟横流一陉通"和"二峭虎口夸天险，九折羊肠确地雄"二楹联。

六、潼关

潼关故址在陕西省潼关市东北 10 千米处，为陕西、山西、河南三省要冲。地踞山河峡谷之间，南依华山，北濒黄河天险，西南有禁谷天堑，形势险要。

扼控风陵渡要冲，束禁东西通衢，古有"潼关固则全秦固"之说，为历来兵家必争之地。有"华岳三峰凭槛立，黄河九曲抱关来"和"两边峡束黄河去，万仞根连太屋蟠"二楹联。"太屋"者，言此地为太行山、王屋山二山交接处。

七、函谷关

函谷关位于河南省灵宝市东北王垛村。其东自崤山，西至潼津，为深谷如函，关在谷中，因得名。有"未许田文轻策马，愿逢老子再骑牛"联。战国时，齐国公子孟尝君在秦国为相，秦昭王听信谗言，要杀孟尝君，孟连夜策马逃至函谷关。关未开，他的门客学鸡叫，引动群鸡啼叫，关吏认为天明，开了城门。孟尝君才得归国，后任魏相。春秋时，老子骑牛入函谷关，关守尹喜请老子于此著《道德经》五千余言。此联巧用典故，别具一格。

八、梅关

梅关位于江西、广东二省交界之大庾岭上，为粤赣两省交通要冲，其关峰峦对峙，山势险峻。关有"不必定有梅花，聊以志将军姓氏；从此可通粤海，愿无忘宰相风流"联。上联说的是，古代有一位叫梅鋗的将军曾居此岭，故称梅岭，而不是因大庾岭多梅花而得名；下联说，梅岭通道乃唐代宰相张九龄兴建，过岭的人应勿忘其恩德。

九、萧关

萧关位于宁夏回族自治区固原县，背依六盘山，为古代关中到塞北要冲，有"襟带西凉，咽喉灵武"之说，为著名险关，古来为兵家必争之地。有"峰高华岳三千丈，险据秦关百二重"楹联。上联说，萧关背依之六盘山山峰，要高出西岳华山三千丈（实高 1000 米）；下联说，其险峻与秦关（函谷关）一样，占据关中的人可以以少胜多。

关城火锅

在京东地区，山海关火锅素享盛名。它以酸菜丝、焖子、肉丸子、白肉片加当地特产牡蛎、海虾等海鲜，混配于火锅中，炉而烹之，其色鲜美，其味适口，最受食客欢迎，故名"浑锅"。

火锅何时传入关城？《秦皇岛日报》登，据专家说始于清军入关时，距今快400年了。查火锅历史，乃起于唐代，宋元时传入塞外，到明朝已遍南北。明朝嘉靖年间文人胡侍著《墅谈》，说到火锅："暖食之具，谓之仆僧。杂投食物于小釜中，炉而烹之，亦名边炉，亦名暖锅。团坐共食，不复置几案，甚便于冬日小集。"清朝诗人谭大中在《暖锅》诗中说："红铅九转器初成，十万钱输选馔精。炊蜡厨边汤乍沸，肉屏风畔婢初擎。添来炉火寒威解，味入丹田暖气生。尚有寄居萧寺客，齑盐风味耐孤情。"其中"添来炉火寒威解，味入丹田暖气生"一联尤道出冬日食火锅之趣。由此看来，火锅传入关城可能早于清初，至于形成特殊的地方风味的时间，因无记载，则难考证了。

沧海明珠

宋人沈括著《梦溪笔谈》，有《扬州大珠》一文，记云：

> 扬州有一珠，甚大，天晦多见。初出于天长县陂泽中，……壳中白光如银，珠大如拳，灿然不可正视。十余里间林木皆有影，如初日所照。

沈括为历史上著名科学家，所记当为不虚。

清光绪《临榆县志》载：一个在山海关担任文书的官吏，名张小珊，携友人游澄海楼下，流连不去，时已昏黑。忽然见一个大星浮出水面，光射城台。一会儿即灭。晚上，他宿于藏经楼，问老僧。老僧说，海中有大蚌，不常见，传为"沧海明珠"。

又港报载，大西洋之墨西哥湾海水常发白光，夜同白日，有人认为是一种叫荧光鱼的鱼群游动所致。

骑驴

驴，又名"蹇"，据说是由《楚辞·七谏·谬谏》中的"驾蹇驴而无策兮"一句话而来的。唐朝诗人孟浩然，有"访人留后信，策蹇赴前程"的诗句。所以，在古代的士人中，为求风雅，说到驴都称"蹇"。

驴，作为乘骑工具，都是贫寒的百姓和贫穷的知识阶级所用的。农村里农民赶集上店或走亲戚都是骑驴的，大概已有两千年的历史。知识分子的下层骑驴的历史也很悠久，唐朝大诗人杜甫就有"骑驴三十载，旅食京华春。朝扣富儿门，暮随肥马尘"的记述。诗人贾岛一生骑驴，那脍炙人口的"鸟宿池边树，僧敲月下门"，"秋风吹渭水，落叶满长安"，就是在驴背上吟成的。

到 20 世纪初叶，名山，如江西庐山、浙江莫干山、河南鸡公山、北京西山，海滨，如北戴河、青岛，都开辟为避暑地、旅游区。"驴脚"，即以驴为脚力，一下子就兴盛起来。比如 1910 年任天津北洋女子公学校长的吕碧城女士在她的《北戴河游记》中就写下了她骑驴游览的经过："……力疾前进，路转峰回，始见村社。有黑蹇数头系林下，林人劝蹇归，乃赁其一，扶持登跨，颇恐颠陨，极力控御，汗出如浆。"那时，时任中国海关监督的方经在北戴河写有《西女骑驴》诗："得得行来不用扶，倒骑侧坐弄娇躯。看她一样纤纤质，华女如何魄力输？"天津名士李择庐在《海滨杂诗》中有"骑驴上东山，来寻古佛寺。荒凉不见人，都是清静地"的诗篇。徐志摩游角山寺，也是骑驴上去的。

那时，据徐珂《北戴河指南》记载："赁驴代步，谓之驴脚。按里计资，每里钱百文。""东联峰山或西联峰山，来回四角。"如由山海关起程，第一天到猩猩峪，第二天到龙潭，第三天登背牛顶，第四天到老岭，第五天到汤泉寺，第六天回海滨，要赁驴 7 头，加上路上吃食、饲料、宿费共洋 18 圆。

如今，驴已少见了，亦无人再用它当脚力，而那"得得行来不用扶"的自在和情趣，还会时时引起我们心底的留恋和憧憬。

山虽可爱，得人益彰

清初诗人宋琬，著有《安雅堂文集》，其中《爱山台铭》一文，云：

> 天之生名山巨壑，与其生美人名士无异也，必待夫怀奇好游之士，爱慕而赏悦之。五岳以外，其为名山巨壑多矣，然或生于穷陬下邑，而为高人旷士蜡屐之所不经，则亦辱于樵夫牧竖而已矣，孰从而爱之也哉！其或雅慕游观，所至流连不置，而乏登高作赋之才，绘写其空蒙苍翠，巉岩戍削之情状，则虽朝登庐霍之巅，夕陟嵩高之岫，与盲人何殊焉！虽谓之爱不可也。……谢灵运之在永嘉，柳宗元之居柳州，穷搜遐览，发为文章咏歌，遂使石门、愚溪与天壤为不朽，斯亦笃爱之至者矣。……山虽可爱，得人而益彰。

宋此文实为经验之谈。忆我自己年轻时，读苏轼《饮湖上初晴后雨》："水光潋滟晴方好，山色空蒙雨亦奇。欲把西湖比西子，淡妆浓抹总相宜。"对西湖充满了美的想象，必欲去游，方可满足其向往。又读刘鹗《老残游记》，说济南府"家家泉水，户户垂杨"，大明湖"四面荷花三面柳，一城山色半城湖"，趵突泉"一盏寒泉荐秋菊，三更画舫穿藕花"，乃想天下竟有如此美景，向往了二十多年，后来终偿了夙愿。

记得一年游张家界，景区有曰"紫霞观"者，门口有一对联，上联云："名地名山借助于名人名诗名赋扬名声"，正是《爱山台铭》意。

榆关札记

　　山海关有雄伟壮观之美，历来也有文人或题诗或为文，但脍炙人口者无几，所凭者为"天下第一关"之称。如有杰出文人能写出如苏（轼）、刘（鹗）之类的诗文，则与雄关相得益彰，而增无限魅力。（山海关虽有帝王挥洒宸翰，留录诗章，而不甚为人重视，则帝王之题，难敌名士。各地亦然。）

奇境在半里外

清道光年间作家管同，作有《登扫叶楼记》一文，云：

> 凡人之情，骛远而遗近。盖远则其至必难，视之先重，虽无得而不暇知矣；近则其至必易，视之先轻，虽有得而不暇知矣。予之见，每自谓差远流俗，顾不知奇境即在半里外。

古人贵致远者有之，责骛远者有之，而非难遗近者鲜见。"遗近"，确是现实生活中一个值得令人深思的哲理，这是因为近前的事物，常常被人忽视，非具慧眼，不能认识。故"奇境即在半里外"。

唐诗人柳宗元曰："游之适，大率有二：旷如也，奥如也，如斯而已。"以榆关论，旷者有海，奥者有峡，风光之丽，景物之胜，绝不在他地之下，如用心欣赏，所得必将良多。去年与友人到北戴河，登小东山远眺秦皇岛，见海波荡漾，万千高楼如浮水上，而背后青山叠嶂，惊其出奇之美，乃即兴赋诗云："千顷碧波荡城麓，十万高楼水上浮。郭外层峦叠翠嶂，天开海岳入画图。"其景时时浮现脑际，觉此景无与伦比。

孤贫儿免费日校

杨以德（1873—1944），字敬林，天津人。1906年任津榆铁路总稽查，探访局总办。1909年任北洋警务公所警务道台，民国初年任直隶省警务处处长，兼直隶警察厅厅长。1916年任天津特别区管理局长，1925年为奉系军阀免职，从事房地产经营。

据英人雷穆森著《天津插图本史纲》一书，述杨以德云：

> 生于天津一个微贱家庭，少年时当学徒，后到山东。1900年回津，1901年获后补道衔。1903年6月为山海关铁路局稽查，1906年任山海关内外铁路巡长。……1912年创办孤儿与贫儿免费日校，在天津、唐山、山海关地方共办校50所，学生6000名。

景区与对额

《红楼梦》第十七回"大观园试才题对额"，贾政面对大观园竣工，亭台楼阁需题对额一事说："若大景致，若干亭榭，无字标题，任是花柳山水，也断不能生色。"乃请众清客并宝玉为各亭台楼榭题额题联。这段话说出园林与题额的关系，无对额则园林"断不能生色"。古人历来重视题对额，有"画不加题则显俗，景无摩崖则难明"之说。

在山海关，景区题额最佳例，当为镇东楼之"天下第一关"匾额，气魄之大，吞吐山河，历来文人重视其书法，而对题匾之人却少考证，此匾引起多少国人遐思，吸引了多少游客，若无此匾，山海关当不会名扬中外。次为老龙头澄海楼孙承宗题"雄襟万里"匾额，一次与北京友人来此观海，观罢，回视此匾，友人突然振奋，高声朗诵范仲淹《岳阳楼记》之语："登斯楼也，则有心旷神怡，宠辱偕忘，把酒临风，其喜洋洋者矣。"他说："这'雄襟万里'四字，激起了我凌云之志。"以联论，则姜女祠之"海水朝朝朝朝朝朝朝落，浮云长长长长长长长消"，为姜女祠造成一种特殊的迷离神秘氛围，而引人前往，为世间少有的奇联，此一联胜过无数导游词。

这都是前人关于景区对额的佳例和榜样，惜今日多不为重视，造境而无点景之题，缺少了一项重要的文化趣味。